Wegweiser Verhaltenstherapie

Springer
Berlin
Heidelberg
New York
Barcelona
Hongkong
London
Mailand
Paris
Singapur
Tokio

Frederick H. Kanfer
Dieter Schmelzer

Wegweiser Verhaltenstherapie

Psychotherapie als Chance

Springer

Professor Dr. Frederick H. Kanfer
University of Illinois
Department of Psychology
603 East Daniel Street
Champaign, IL 61820, USA

Dipl.-Psych. Dr. Dieter Schmelzer
Praxis für Psychotherapie und Supervision
Laufertorgraben 4
90489 Nürnberg, Deutschland

ISBN 3-540-41358-8 Springer-Verlag Berlin Heidelberg New York

Die Deutsche Bibliothek – CIP-Einheitsaufnahme
Kanfer, Frederick:
Wegweiser Verhaltenstherapie: Psychotherapie als Chance/Frederick H. Kanfer; Dieter Schmelzer. – Berlin; Heidelberg; New York; Barcelona; Hongkong; London; Mailand; Paris; Singapur; Tokio: Springer, 2001
ISBN 3-540-41358-8

Springer-Verlag Berlin Heidelberg New York
ein Unternehmen der BertelsmannSpringer Science+Business Media GmbH

http://www.springer.de

Umschlaggestaltung: design & production GmbH, Heidelberg
Satz: Fotosatz-Service Köhler GmbH, Würzburg

Gedruckt auf säurefreiem Papier SPIN: 10790186 26/3130 SM – 5 4 3 2 1 0

Für meine Frau Ruby
und meine Enkelinnen Sarah A. und Anna Rose
(F. H. K.)

Für meine Frau Sabine,
meine Töchter Christina und Katarina
und für meine Eltern (†)
(D. S.)

Vorwort

Dies ist kein Lehrbuch und auch keine theoretische Einführung in die Verhaltenstherapie. Es ist ein Buch für *Patienten* und alle, die sich für die *verhaltenstherapeutische* Form von Psychotherapie interessieren. Von Anfang an wurden wir bei unserer Planung von der Idee des „mündigen Patienten" geleitet, der sich nicht nur passiv in die Obhut von Experten begibt, sich *behandeln* lässt und auf Hilfe von außen wartet, sondern selbst Verantwortung übernimmt, mit entscheidet und sich – im Rahmen seiner Möglichkeiten – aktiv an seiner Gesundung beteiligt. Um diese Vorstellung in die Praxis umsetzen zu können, haben wir uns bemüht, wichtige Informationen zur aktuellen Verhaltenstherapie in alltagssprachlicher Form zusammenzufassen. Dementsprechend verzichten wir in unserem Text weitgehend auf die Präsentation ausführlicher Hintergrundtheorien oder stützender Forschungsergebnisse und geben dafür solchen Inhalten den Vorzug, die helfen könnten, sich auf das „Projekt Veränderung" mit Hilfe einer Verhaltenstherapie leichter einzulassen.

In der Tat erfordert eine effektive Therapie weitaus mehr als nur zu den Sitzungen zu kommen. Nach unseren Erfahrungen scheitert die notwendige therapeutische Zusammenarbeit oft weniger an der fehlenden Mitarbeitsbereitschaft, sondern am geringen oder verzerrten Wissen von Patienten über Psychotherapie und deren „Spielregeln". Hier möchten wir ansetzen und die Chancen (aber auch Grenzen) einer verhaltenstherapeutisch orientierten Psychotherapie transparent machen, um deren Erfolg im Einzelfall zu begünstigen.

Anders als ein reiner „Selbsthilferatgeber" kann und soll unser Buch eine notwendige Therapie nicht ersetzen, sondern vielmehr etwas zu ihrem besseren Gelingen beitragen. Insofern stellt es sowohl eine *Entscheidungshilfe* in der Vorphase als auch eine geeignete *Begleitlektüre* auf dem Weg zu erfolgreichen Veränderungen dar. Darüber hinaus könnte es benachbarten Berufsgruppen wichtige Informationen liefern: Wir würden uns freuen, wenn z. B. Sozialarbeiter, Hausärzte, Ämter oder Beratungsdienste mit seiner Hilfe interessierte

Personen besser auf manches vorbereiten könnten, was sie bei einer Verhaltenstherapie erwartet.

In erster Linie beziehen sich unsere Ausführungen auf die Durchführung *ambulanter Verhaltenstherapie* im derzeitigen deutschen Gesundheitssystem, und hier speziell auf die häufigste Anwendungsform, nämlich die *Einzeltherapie mit Erwachsenen*. Unser Buch erscheint allerdings in einer Zeit des Übergangs: Mit Wirkung vom 1.1.1999 trat in Deutschland bekanntlich das sog. „Psychotherapeutengesetz (PsychThG)" in Kraft. So ist die Bezeichnung „Psychotherapeut" seit diesem Zeitpunkt gesetzlich geschützt und nur noch solchen Personen vorbehalten, die nach Abschluss ihres umfassenden Universitätsstudiums als Arzt oder Psychologe eine mehrjährige psychotherapeutische Zusatzausbildung absolviert und eine sog. staatliche „Approbation" und Zulassung erhalten haben.

Die praktische Umsetzung verläuft allerdings noch etwas „holprig", und auch die derzeit von den Krankenkassen zugelassenen Therapieverfahren hinken dem Stand der internationalen Therapieforschung noch etwas hinterher. Während das Gesetz bislang noch die „alten" Therapierichtungen Psychoanalyse, tiefenpsychologisch fundierte Psychotherapie und Verhaltenstherapie festgeschrieben hat, gibt es dort in den letzten Jahren intensive Bemühungen, das enge Korsett von „Therapieschulen" abzulegen und die Integration wirksamer Konzepte, Bausteine und Methoden zu einer „Allgemeinen Psychotherapie" voranzutreiben.

Jedes Buch hat einen *fachlichen und persönlichen Hintergrund*, den wir Ihnen hier nicht vorenthalten wollen: *Verhaltenstherapie als „Anleitung zum Selbstmanagement"* – dieser Ansatz wurde ab etwa 1965 in den USA von unserem Erstautor Frederick H. Kanfer entwickelt und seither in unzähligen Veröffentlichungen und Seminaren international publik gemacht. Für psychologische Forscher und psychotherapeutische Praktiker liegen viele Bücher und Zeitschriftenbeiträge vor, die die theoretischen Grundlagen und praktischen Anwendungsmöglichkeiten ausführlich beschreiben (u. a. Kanfer & Phillips, 1970/dt. 1975; Kanfer & Goldstein, 1975 bis 1991; Kanfer & Schefft, 1988).

Ursprünglich auf die amerikanische Situation und deren sozioökonomische Rahmenbedingungen zugeschnitten, wurde das Konzept durch Frederick H. Kanfer ab Anfang/Mitte der 70er Jahre des vergangenen Jahrhunderts auch in Europa verbreitet. Viele Kolleginnen und Kollegen im deutschsprachigen Raum sind durch seine Seminare und Workshops auf die Vorteile der Verhaltenstherapie aufmerksam geworden und haben seither das Modell als Orientierungshilfe für ihr therapeutisches Denken und Handeln übernommen. Dies wurde ab den 90er Jahren noch erleichtert, als Kanfer, Reinecker & Schmelzer (1991, 1996 und 2000) ein Lehrbuch der *Selbstmanagement-Therapie* – übertragen auf europäische Verhältnisse – veröffentlichten. Nach Ansicht vieler Fachleute und Rezensenten sei es dabei gelungen, das Konzept speziell für den deutschen Sprachraum maßzuschneidern und die unterschiedlichen gesellschafts- und sozialpolitischen Gegebenheiten adäquat zu berücksichtigen. Das Buch, das Sie jetzt in Händen halten, baut auf diesem Werk auf – es stellt sozusagen die „Patientenversion" des Selbstmanagement-Ansatzes dar.

Unser Zweitautor Dieter Schmelzer ist in Deutschland geboren und aufgewachsen, hat hier studiert und seine verhaltenstherapeutischen Ausbildungen absolviert. Seit 1979 ist er als Verhaltenstherapeut tätig; seit 1980 steht er regelmäßig in persönlichem Kontakt zu Frederick H. Kanfer und hat in vielen Ausbildungs- und Supervisionsseminaren das spezielle Vorgehen nach dem Selbstmanagement-Modell persönlich vermittelt bekommen. In über 20 Jahren hat sich die Beziehung beider Autoren aus einem anfänglichen Lehrer-Schüler-Verhältnis heraus zu einer kollegialen Freundschaft entwickelt.

Heute können wir beide auf (2 bzw. 4) Jahrzehnte lange Erfahrung in der praktischen Umsetzung der Selbstmanagement-Therapie mit Patienten in unterschiedlichsten Anwendungsfeldern zurückblicken. Die Beratung, Ausbildung und Supervision von Kollegen im deutschsprachigen Mitteleuropa, die den Selbstmanagement-Ansatz erlernen und praktisch nutzen möchten, ist ein weiterer langjähriger Schwerpunkt unserer Tätigkeit. Und seit ein paar Jahren geben wir die Grundgedanken des Selbstmanagement-Vorgehens – zum Teil in *gemeinsamen* Workshops – speziell an künftige verhaltenstherapeutische Ausbilder und Supervisoren weiter.

Dies ist also ein Buch für Patientinnen und Patienten, und trotz unseres Bemühens um eine sachlich ausgewogene Darstellung ist es natürlich kein ganz „objektives" Werk: Denn wir sind leidenschaftliche *Verhaltenstherapeuten*, die ihr gesamtes Berufsleben der Idee einer *wissenschaftlich gestützten Psychotherapie* gewidmet haben. Seit vielen Jahren versuchen wir auf diese Weise, Menschen beim Lösen ihrer Lebensprobleme und auf ihrem Weg zu Autonomie und Selbstverantwortung zu begleiten. Aus dieser Perspektive heraus werden wir uns hier mit dem aktuellen Stand der Psychotherapie beschäftigen – aus diesem Blickwinkel erklären sich aber vielleicht auch manche „blinde Flecken", die zurückbleiben, wenn wir über andere (nicht zu unserem Spezialgebiet gehörige) Richtungen urteilen.

Leserinnen bitten wir um Verständnis, dass wir (lediglich) aus Gründen der textlichen Vereinfachung meist von „Therapeuten" und „Patienten" in der männlichen Sprachform reden. Dass sämtliche Aussagen gleichermaßen für männliche wie weibliche Personen gelten, ist für uns selbstverständlich (und solchen Personen, die uns von unserer therapeutischen Arbeit, Supervision, Seminaren oder Workshops her kennen, aus ihrem eigenen Erleben wohlvertraut).

Unser Dank gilt an dieser Stelle vielen Kolleginnen und Kollegen, Freunden, Bekannten und ehemaligen Patientinnen und Patienten, die geduldig eine Vorversion für uns gelesen und bearbeitet haben. So haben u. a. folgende Personen durch ihre Rückmeldungen zu einer deutlichen Verbesserung des Textes beigetragen: Horst Berger, Erika Bezold, Franz Dumbs, Renate Frank, Eveline Freudenberger, Dagmar Klapprott, Doris Knoblach, Gudrun Naber, Jörg Pscherer, Klara Reder, Christa und Hans Reinecker, Lydia Riedel, Ulrich Riedl, Christina, Katarina und Sabine Schmelzer, Ralf Schneider, Elke Tittelbach und Seynep Yilmaz. Noch verbliebene Missverständnisse, sprachliche Ungeschicklichkeiten oder inhaltliche Fehler gehen natürlich ausschließlich zu *unseren* Lasten.

Wir danken auch den Mitarbeiterinnen des Springer-Verlags, insbesondere Frau Renate Scheddin, Frau Gisela Zech-Willenbacher, Frau Meike Seeker, Frau Ulrike Conrad und Frau Miriam Geißler für die konstruktive Zusammenarbeit und tatkräftige Unterstützung.

In der heutigen schnelllebigen Zeit ist es nicht ganz einfach, Adressen- und Literaturhinweise auf dem neuesten Stand zu halten. Nach bestem Wissen und Gewissen haben wir uns um aktuelle Angaben bemüht und diese vor Druckbeginn auf Korrektheit überprüft. Falls sich zwischenzeitlich Änderungen ergeben haben oder Ergänzungen notwendig sind, bitten wir um entsprechende Nachricht.

Wir freuen uns jetzt schon auf Rückmeldungen von Leserinnen und Lesern, Patienten oder Kollegen zu unserem Buch. Sollte eine weitere Auflage gedruckt werden, so können Sie sicher sein, dass wir Ihre Anregungen und Kritik berücksichtigen und an den entsprechenden Stellen einarbeiten.

Im Übrigen stellt unser Buch nicht nur das Ergebnis der theoretischen Konzeptentwicklungen, Forschungsleistungen und langen klinischen Praxis von uns Autoren dar, sondern es soll auch ein Beispiel dafür geben, dass Menschen aus unterschiedlichen sprachlichen und soziokulturellen Traditionen sowie aus verschiedenen Generationen zu *gemeinsamen* Projekten fähig sind.

Champaign (Illinois/USA) und Nürnberg, im Mai 2001

Frederick H. Kanfer
Dieter Schmelzer

Inhaltsverzeichnis

6 Verhaltenstherapie: Das praktische Vorgehen Schritt für Schritt 97

1 Einführung

Sandra B. (eine Patientin, die jahrelang an Partnerschaftsproblemen und Ängsten gelitten hatte) sagte uns in ihrer letzten Therapiesitzung unter anderem:

„Mir wäre ein langer Leidensweg erspart geblieben, wenn ich schon viel früher etwas von den Möglichkeiten einer Psychotherapie erfahren hätte. Irgendwie war ich der Meinung, das sei sowieso nur etwas für Verrückte, hatte auch ein bisschen Angst davor – wahrscheinlich, *weil* ich keine Ahnung davon hatte. Jetzt, nach all diesen positiven und lohnenswerten Erfahrungen, kann ich zu Ihnen als Therapeut nur sagen: Sie müssen unbedingt etwas tun – beispielsweise die Leute informieren in der Zeitung oder ein Buch schreiben, damit sich auch andere Menschen an eine Verhaltenstherapie heranwagen, und zwar viel viel früher, als ich es damals konnte, weil ich zu wenig davon wusste!"

Unser Thema: Psychotherapie mit Schwerpunkt Verhaltenstherapie

Sandras[1] Anregung war einer von vielen Impulsen, die zur Entstehung unseres Buches beigetragen haben (und wir wissen zwischenzeitlich, dass unsere ehemalige Patientin weiterhin mit ihrem Leben, aber auch mit unserem Text ganz zufrieden ist). Informationen und Wissen über verhaltenstherapeutisch orientierte Psychotherapie an

---

[1] Alle Namen von Patienten sowie deren Lebensumstände wurden so anonymisiert, dass keine Rückschlüsse auf die jeweiligen Personen möglich sind.

die Allgemeinheit weiterzugeben, uns in die Lage von therapieinteressierten Personen hineinzuversetzen und in allgemeinverständlicher Sprache wichtige Abläufe der heutigen Verhaltenstherapie praxisnah zu erklären, waren einige unserer weiteren Motive. Denn während es eine schier unglaubliche Zahl von psychotherapeutischen Fachbüchern und Selbsthilfe-Ratgebern zu allen möglichen Problembereichen gibt, sind bisher nur wenige Veröffentlichungen speziell auf die Belange von Personen zugeschnitten, die sich überlegen, eine Verhaltenstherapie zu beginnen oder sich bereits in Therapie befinden.

Wenn Sie jetzt diese Zeilen lesen, nehmen wir an, dass Sie sich ganz allgemein für Psychotherapie interessieren oder gerade überlegen, ob eine Therapie für Sie (oder für Angehörige/Bekannte) sinnvoll sein könnte. Vielleicht sind Sie auch nur neugierig und möchten etwas über die aktuelle Verhaltenstherapie erfahren, die eine wichtige *Untergruppe* der Psychotherapie darstellt. Oder Sie sind bereits in Therapie und möchten noch genauer wissen, was Sie erwarten und konkret zu deren Erfolg beitragen können. Falls auch nur eine dieser Vermutungen zutreffen sollte, dürfte unser Text für Sie von Interesse sein.

Vor allem möchten wir Ihnen Hoffnung machen und die vielen Chancen aufzeigen, die eine wirksame Psychotherapie zu bieten hat. Denn niemand ist gegen psychische Probleme immun: Nach Untersuchungen des Max-Planck-Instituts für Psychiatrie[2] in München sind mehr als ein Drittel aller Menschen irgendwann in ihrem Leben einmal von einem schweren psychischen Problem betroffen. Nimmt man einen Zeitraum von 6 Monaten, so zeigen in Deutschland 8 Millionen Erwachsene und fast 2,5 Millionen Kinder ernsthafte Anzeichen psychischer Störungen. Mehr als 15% aller Deutschen leiden irgendwann in ihrem Leben unter großen Ängsten (davon 8 Millio-

[2] Alle Zahlenangaben dieser Seite stammen von Wittchen (1998, S. 8); in: Kass, F. I., Oldham, J. M., Pardes, H. (Hrsg.); Morris, L. B. (Red.); H. U. Wittchen (Bearbeiter und Herausgeber der deutschen Ausgabe). (1998). Handbuch psychischer Störungen. Eine Einführung (2. Aufl.). Weinheim: Psychologie Verlags Union.

nen an Panikattacken und Phobien), mehr als 2 Millionen Deutsche unter schweren Depressionen. Es wird geschätzt, dass bei ca. 30 % aller Personen, die sich wegen körperlicher Symptome in die Behandlung von Allgemeinärzten begeben, eigentlich eine psychische Problematik vorherrscht, so dass eine Psychotherapie die bessere Alternative darstellen würde.

Chancen nutzen! Denn Hilfe ist möglich

Das Tragische darin ist: Obwohl insgesamt 80 % der an psychischen Problemen leidenden Personen durch eine Therapie geholfen werden könnte, nehmen bislang nur 20 % die verfügbaren Hilfen in Anspruch. Dabei könnten z. B. ernsthafte Phasen einer Depression durch die heutigen Therapien in 80 – 90 % der Fälle gelindert werden – oft schon in wenigen Wochen und Monaten. Andere Schwierigkeiten ließen sich lösen (oder zumindest bessern), solange ihre Ausprägung noch gering ist und sich die betroffenen Personen frühzeitig in eine Behandlung begeben. Dies trifft nicht nur auf Erwachsene zu: Denn auch bei 40 % aller psychisch beeinträchtigten Kinder wird auf eine therapeutische Unterstützung verzichtet, obwohl fast 2,5 Millionen Kinder in Deutschland als psychisch krank gelten und fast 1 Million davon eine dauerhafte Behinderung behalten.

Viel Nachholbedarf gibt es unserer Meinung nach aber nicht nur bei Informationen über die *prinzipiellen Erfolgsaussichten* aktueller Psychotherapie. Denn wer sich heutzutage für Psychotherapie interessiert, sieht sich einer verwirrenden Vielfalt von Angeboten gegenüber. Was dabei zu Recht die Bezeichnung „Psychotherapie“ trägt, ist oft nur ein kleiner Teil im Vergleich zum riesigen Markt des „Psychobooms“, auf dem selbsternannte „Therapeuten“ Etikettenschwindel betreiben und mit ungerechtfertigten Heilsversprechungen gutgläubigen Mitmenschen das Geld aus der Tasche ziehen. Deshalb möchten wir hier eine gewisse fachliche Orientierung anbieten und präzisieren, was seriöse Psychotherapie überhaupt bedeutet.

Orientierung auf dem „Psycho-Markt“

Vieles, was Laien von Psychotherapie wissen, stammt aus den Medien. Allerdings sind die Berichte in Zeitungen, Illustrierten, Radio, Film und Fernsehen bestenfalls ausschnitthaft, selten korrekt, häufig reißerisch-übertrieben oder völlig verzerrt. Einer weit verbreiteten Fehlvorstellung zufolge besitzen Psychotherapeuten ja beispielsweise die geheimnisvolle Fähigkeit, wie mit Röntgenblick in das

Unbewusste ihrer Patienten zu schauen oder deren Gedanken zu lesen. Andere verleihen ihnen übergroße Macht und Einflussnahme auf Patienten – vorausgesetzt, diese fügen sich widerspruchslos allen Anweisungen. Eine solche Sichtweise entspricht dem alten organmedizinischen Denken, wonach der Arzt als Experte von außen heilend in die Krankheitsprozesse des Körpers eingreift – sei es durch die Gabe von Medikamenten oder direkt durch Operationen oder Apparatemedizin. Den Patienten kommt dabei lediglich eine passiv-empfangende Rolle zu; es genügt, wenn sie den Anordnungen des Arztes Folge leisten — kritische Fragen, persönliche Ideen von der „richtigen“ Behandlung oder eigenmächtige Schritte sind unerwünscht und stören.

Wissen über die „Spielregeln“ einer Therapie begünstigt deren Erfolg

Unser Buch stellt den Versuch dar, solche Auffassungen zu korrigieren, indem wir die *aktiven Beiträge* beschreiben, die Patienten zum therapeutischen Erfolg beisteuern können (und müssen!). Psychotherapie funktioniert eben *nicht* durch passiven Gehorsam, das blinde Befolgen der Rezepte von Experten und ohne Verständnis der zugrunde liegenden Logik der Behandlung. Wir wissen mittlerweile, dass „mündige“ Patienten, die die Abläufe ihrer Psychotherapie besser verstehen, die Eigeninitiative zeigen dürfen und sollen, die sich an Entscheidungen über Ansatzpunkte, Ziele, Art und Reihenfolge des Vorgehens mit beteiligen können, wesentlich bessere Resultate erreichen. Außerdem lässt sich vieles besser „auf den Punkt bringen“ sowie Zeit und Energie sparen, wenn Patienten frühzeitig über Möglichkeiten, Grenzen, Spielregeln sowie Rechte und Pflichten (von Therapeuten wie Patienten) aufgeklärt sind.

Aktuelle Verhaltenstherapie: Anwendung psychologischer Erkenntnisse für eine Veränderung zum Positiven

Unserer Perspektive entsprechend steht der Ansatz der modernen *Verhaltenstherapie* (mit dem Ziel der Anleitung zu Eigenständigkeit, Selbstverantwortung und „Selbstmanagement“) im Mittelpunkt. Diese therapeutische Richtung versteht sich als „psychologische Psychotherapie“ und versucht dementsprechend, sämtliche Erkenntnisse der Psychologie in Theorie und Praxis für effektive Veränderungsprozesse zu nutzen. Entsprechend dem Prinzip der „Hilfe zur Selbsthilfe“ helfen Verhaltenstherapeuten ihren Patienten, Änderungen zu vollziehen, neue bzw. zusätzliche Fähigkeiten der Lebensgestaltung zu erwerben und ihre Probleme zu lösen. Wenn Patienten das gelernt haben, was sie für ein besseres Leben brauchen, können sie die zeitlich begrenzte „Krücke Therapie“ wieder ablegen und spätestens nach dem offiziellen Abschluss selbstverantwortlich auf eigenen Beinen stehen.

Die Inhalte: Darum geht es in unserem Buch

Ein Blick in unser Inhaltsverzeichnis zeigt, dass wir (nach einem kurzen ersten Eindruck zur Verhaltenstherapie in Kap. 2) zunächst die psychotherapeutische Landschaft insgesamt betrachten und einige allgemeine Informationen zur Psychotherapie präsentieren (Kap. 3). Die Frage „Brauche ich eine Therapie?“ überschreibt unser Kap. 4, in dem wir auch Hinweise zur Suche und Auswahl des „richtigen“ Therapeuten geben.

Ab dem Kap. 5 kommen wir zu unserem eigentlichen Anliegen, nämlich die Möglichkeiten und das praktische Vorgehen der modernen Verhaltenstherapie darzustellen. Zunächst möchten wir Personen darauf vorbereiten, was sie überhaupt erwartet, wenn sie zu einem Verhaltenstherapeuten gehen. Danach beschreiben wir ausführlich, wie eine Verhaltenstherapie in der Praxis typischerweise abläuft (Kap. 6). Anschließend geben wir unseren Patienten viele Anstöße, was sie selbst dazu beitragen können und müssen, damit ihre Verhaltenstherapie ein Erfolg wird (Kap. 7). Im Anhang finden sich noch Verzeichnisse nützlicher Bücher und Adressen sowie ein Literatur- und Sachverzeichnis.

Auch wenn wir uns dem aktuellen Trend der internationalen Psychotherapieforschung anschließen und manche Erkenntnisse darstellen, die therapieschulenübergreifend gelten, werden wir an vielen Stellen auf die gesetzliche Situation in Deutschland (insbesondere auf die im derzeitigen Sozialversicherungssystem „anerkannten“ Verfahren und Abläufe) näher eingehen. Zu den entsprechenden Regelungen in Österreich und der Schweiz sind einige Anmerkungen in Kap. 4 (s. S. 59–60) zu finden.

Wir hoffen, dass es mit Hilfe dieses Buches gelingt, ein gutes Verständnis für die Praxis der aktuellen Verhaltenstherapie zu vermitteln, einen Einblick in die „Werkstatt“ moderner Verhaltenstherapeuten zu geben und dadurch deren Vorgehen überschaubar und plausibel zu machen. Denn Therapie findet normalerweise in einem geschützten Rahmen statt – aus gutem Grund mit absoluter Schweigepflicht versehen und verborgen vor den Augen der Allgemeinheit. Wir glauben aber nicht, dass Therapeuten etwas zu verheimlichen haben und lüften daher an vielen Stellen den Mantel des Mysteriösen, der Therapie leider auch heute noch manchmal umgibt. Wir tun dies im Interesse der Öffentlichkeit und mit einem guten Gewissen, denn unsere Verschwiegenheitspflicht bezieht sich auf die persönlichen Informationen von Patienten, nicht jedoch auf die prinzipiellen Konzepte, Methoden und Vorgehensweisen, mit denen Therapeuten arbeiten.

Wir würden uns freuen, wenn Sie mittlerweile etwas neugierig geworden sind auf die Chancen und Möglichkeiten, die sich bei einer Verhaltenstherapie bieten. Denn immerhin hat sich diese Richtung in den letzten 4 Jahrzehnten zu einer der bedeutsamsten und effektivsten Formen der Psychotherapie entwickelt. Und so laden wir Sie ein, sich in den folgenden Kapiteln einen ganz *persönlichen* Eindruck von ihrem Nutzen zu verschaffen.

2 Verhaltenstherapie als moderne Form der Psychotherapie: Ein erster Eindruck

Ein paar Meinungen

„Vor meiner Therapie war ich wie in einem Teufelskreis gefangen: Ich hatte zu nichts mehr Lust, unternahm nichts mehr, was mir früher Spaß gemacht hatte, und wurde dadurch immer depressiver. Die Verhaltenstherapie hat mich aus dieser Abwärtsspirale herausgeführt: Ich wurde wieder aktiver, langsam kehrte die Freude an persönlichen Kontakten zurück, und ich lernte vor allem, vorhandene Probleme direkt anzugehen, anstatt Konflikte zu vermeiden oder auf ein Wunder zu warten."

(Horst R., 62)

„Nach fast 12 Jahren Angst und Rückzug in die eigenen vier Wände ist es mir mit Hilfe der Verhaltenstherapie allmählich gelungen, meine Ängste zu überwinden. Seit einem halben Jahr habe ich sogar einen neuen Job; jetzt weiß ich langsam wieder, was leben heißt!"

(Petra F., 45)

„Wenn ich nicht noch die alten Videofilme von mir hätte, würde ich es heute noch nicht glauben: Aus dem schlecht gelaunten, depressiven, übergewichtigen Wesen, das ich einmal war, ist innerhalb der letzten Monate eine selbstbewusste Frau geworden, die weiß, was sie will! Ich bin froh, dass ich bei meiner Kur dem Rat der Psychologin gefolgt bin, die zu mir gesagt hat: Werden Sie selbstsicherer – machen Sie eine Verhaltenstherapie!"

(Beate K., 31)

„Früher dachte ich: Eigentlich schade, dass es kein Wundermittel für das ewige Glück auf Erden gibt. Heute weiß ich: Zufriedenheit und Wohlbefinden sind Ergebnisse eines gelungenen Lebensalltags. Wie man das einigermaßen schaffen kann, hat mir meine Verhaltenstherapie aufgezeigt."

(Holger S., 51)

„Lange Zeit ging es mir nicht gut im Leben. Ich war unzufrieden mit allem, aber ich wusste nicht einmal genau, womit und warum. Erst meine Verhaltenstherapeutin hat mir geholfen, in dem Chaos meiner negativen Gefühle konkrete Themen zu entdecken. Als es mir dann nach und nach gelang, das Problemknäuel zu entwirren und Ziele zu entdecken, machte ich große Fortschritte. Jetzt weiß ich, dass es nicht nur schwarz-weiß und Alles-oder-Nichts gibt, dass ein kleines Missgeschick noch keine totale Katastrophe ist. Jetzt nehme ich auch kleine positive Dinge wahr, genieße sie und weiß: Irgendwie schaffe ich das alles schon!"

(Verena A., 39)

„Erst war ich wütend über mich, weil es mir nicht gelang, mir selbst zu helfen und aus dem Schlamassel herauszukommen. Dann war ich wütend auf den Therapeuten, der mich mit vielen Einstellungen und Verhaltensweisen konfrontierte, mit denen ich mir selbst das Leben schwer machte. Aber schließlich gelang es mir, mich auf seine Anregungen einzulassen und mit seiner Begleitung neue, bessere Wege zu entdecken."

(Marion D., 53)

„Wenn Sie so wie ich über 3 Jahre lang fast jeden Tag bis zu 6 Stunden im Bad zugebracht haben, um sich zu duschen, können Sie vielleicht verstehen, wie froh ich bin, dass ich mit Hilfe der Verhaltenstherapie meinen Waschzwang wieder in den Griff bekommen habe. Ich bin vielleicht immer noch etwas reinlicher als die meisten meiner Bekannten – aber nun kann ich wieder Mensch sein, mit allem, was dazugehört: Ich habe eine liebe

Freundin, gehe gern zur Arbeit, pflege meine Kontakte und Hobbies und habe wieder Sinn im Leben gefunden."

(Peter J., 34)

„Ich steckte in einer tiefen Krise und war der Meinung: Ich kann nichts, bin nichts und werde nichts mehr werden. Die Verhaltenstherapie hat mir geholfen, meine persönlichen Stärken wiederzufinden, positive Dinge wahrzunehmen und mich den Herausforderungen des Lebens zu stellen."

(Tanja C., 25)

„Wissen Sie, was es heißt, immer bei anderen anzuecken? Von Kollegen nicht gemocht zu werden? Und auch sonst läuft alles schief: Die Ehe geht in die Brüche, die Kinder wollen nichts mehr von dir wissen, und dein Schuldenberg wächst und wächst? Zwischendurch Beruhigungstabletten, dann der Alkohol dazu – saufen bis zum Totalabsturz, der Job geht flöten – kein Wunder, denn ich war körperlich und seelisch ein totales Wrack. Erst als ich ganz unten war, willigte ich ein: Entzug, dann längere Zeit in die Klinik und mit Verhaltenstherapie wieder ganz von vorne anfangen. Vieles musste ich umkrempeln bei mir. Aber jetzt habe ich es geschafft! Ich weiß, wo es lang geht und bin so stabil, dass ich sage: So etwas passiert mir nie wieder!"

(Josef K., 48)

„Seit meiner Verhaltenstherapie achte ich einfach mehr darauf, wo ich derzeit im Leben stehe und wo ich künftig hin möchte. Dazu brauche ich jetzt aber keine Therapie mehr, das schaffe ich nun auch ganz gut allein."

(Katja B., 29)

Einige Fakten

Die Wirksamkeit der Verhaltenstherapie ist wissenschaftlich gut belegt

Die Verhaltenstherapie (VT) hat sich in den letzten 4 Jahrzehnten weltweit zu der psychotherapeutischen Richtung entwickelt, die bei fast allen psychischen Problemen die besten Resultate aufzuweisen hat und in relativ kurzer Zeit deutliche Verbesserungen ermöglicht. Ob Ängste, Panikanfälle, soziale Unsicherheiten, Depressionen,

Zwänge, Schlafprobleme, Süchte, Stressbewältigung, Kommunikation, Partnerschaftskonflikte oder psychosomatische Erkrankungen – für all diese Bereiche gibt es gute Belege ihrer Wirksamkeit. Was ist das Geheimnis ihres Erfolgs?

Wie wir in unserem Buch zeigen möchten, hat die Verhaltenstherapie genau genommen wenig Mysteriöses an sich. Im Gegensatz zu anderen „Schulen" der Psychotherapie gibt es bei ihr auch keine einzelne herausragende Gründerpersönlichkeit und keine unbezweifelte Lehrmeinung. Wer sich als Verhaltenstherapeut versteht, fühlt sich am ehesten einer wissenschaftlichen Grundhaltung verpflichtet. Das heißt, auch noch so schöne theoretische Gedankengebäude müssen hinsichtlich Stimmigkeit und Nützlichkeit erst einmal auf den Prüfstand. Es reicht nicht aus, die Effektivität bestimmter Vorgehensweisen in der Praxis nur zu behaupten oder zu erhoffen: Was zählt, ist die Wirksamkeit; was zählt, sind positive Ergebnisse.

Ergebnisse der psychologischen Grundlagenforschung als Basis der Verhaltenstherapie

Das einzige „Erfolgsrezept" der Verhaltenstherapie liegt also vielleicht darin, dass sie sich vor allem auf gesicherte Ergebnisse der psychologischen Grundlagenforschung verlässt, um die psychosoziale Versorgung der Bevölkerung gezielt und nachhaltig zu verbessern. Ohne Übertreibung kann sie derzeit als die wissenschaftlich bislang am besten abgesicherte Behandlungsrichtung gelten: So gibt es in der ganzen Welt zur Verhaltenstherapie 10-mal mehr Untersuchungen als für alle anderen Methoden der Psychotherapie zusammen[1], und kein anderes Verfahren kann bessere Resultate seiner Wirksamkeit nachweisen. Dies gab auch den Ausschlag, sie in Deutschland (ab 1976 im Bereich der Ersatzkassen, ab 1987 auch für die Regionalkassen) in den offiziellen Leistungskatalog der Gesetzlichen Krankenversicherung aufzunehmen.

Problemlösen und neue Erfahrungen für den persönlichen Alltag

Wie Sie in Kap. 6 genauer erfahren werden, wenden die meisten Verhaltenstherapeuten ein *erprobtes Grundkonzept des Problemlösens* an, mit dessen Hilfe sich menschliche Schwierigkeiten leichter bewältigen lassen: Systematische Schritte des Vorgehens helfen dabei, die notwendigen Änderungen in Gang zu setzen. Die Verhaltenstherapie ist ein *aktiver Lernprozess*, bei dem nicht nur geredet und

---

[1] s. Paulus (1998, S. 15).

auf Einsichten gehofft wird. Trotz der Tatsache, dass vieles im Behandlungszimmer des Therapeuten (in Form von Gesprächen) abläuft, richtet sich der Blick immer auf das tatsächliche Leben „draußen". Und so lernen Patienten, konkrete Probleme in ihrer aktuellen Situation anzupacken und zu verändern, bis es ihnen wieder besser geht.

Bei manchen Schwierigkeiten (z.B. bei Ängsten oder Zwängen) kann ein großer Teil der Therapie sogar direkt im Alltagsleben von Patienten stattfinden. In Absprache mit den Betroffenen können auch Partner, Familienmitglieder oder andere Personen des sozialen Netzwerks mit einbezogen werden.

Aktives Handeln und die Vermittlung klärender Einsichten gehören zu jeder Verhaltenstherapie

Durch dieses aktive, handlungsorientierte Vorgehen hat die Verhaltenstherapie den Vorteil, nicht nur für einsichts- oder vernunftorientierte Menschen oder für sprachgewandte Personen aus der oberen Bildungsschicht geeignet zu sein. Verhaltenstherapeuten nutzen in ihren Sitzungen aber auch viele Gesprächsstrategien, um Personen zum Nachdenken anzuregen und dadurch Klarheit, Einsicht und Selbsterkenntnis zu vermitteln. Deshalb ist auch die Bezeichnung „Kognitive Verhaltenstherapie" gebräuchlich: Die Diskussion zentraler Einstellungen und Lebenshaltungen gehört dazu genauso wie die Arbeit an persönlichen Zielen, Plänen und psychischen „Überlebensregeln" bis hin zur Frage nach dem „Sinn" des Lebens. Bei der Bewältigung aktueller Probleme geht es folglich auch immer um die Klärung von vergangenen oder heutigen „Ursachen" und um die Suche nach Perspektiven für die Zukunft.

Wie jede Psychotherapie benötigt die Verhaltenstherapie eine gute *Beziehung* zwischen Therapeut und Patient als Grundlage ihrer Arbeit. Dabei stellen die meisten Therapievergleichsstudien den Verhaltenstherapeuten gute Noten aus, was die Art ihres Umgangs mit Patienten betrifft: Sie erhalten in der Regel sehr positive Einschätzungen bezüglich Verständnis, Wertschätzung, Offenheit und persönlichen Kontakt.

Beziehung als Basis, wirksame Behandlungsmethoden als Hilfsmittel

Eine gute Arbeitsbeziehung stellt jedoch nur die notwendige, aber nicht schon ausreichende Basis jeder erfolgreichen Therapie dar. Für die direkte Arbeit an den Schwierigkeiten hat die Verhaltenstherapie eine ganze Menge *wirksamer Standardmethoden* verfügbar, mit deren

Hilfe die jeweiligen Therapieziele leichter zu erreichen sind. Sie ermöglichen eine Problemlösung in kürzerer Zeit und mit weniger Aufwand (und Kosten) als in traditionellen Langzeit-Psychotherapien, die sich vor allem auf Einsichten und Erkenntnisse aus der persönlichen Lerngeschichte und frühen Kindheit konzentrierten.

Autonomie und Selbstverantwortung als übergeordnete Ziele der Therapie

Jede Psychotherapieform macht auch bestimmte Annahmen vom Bild des Menschen: Während noch vor einem halben Jahrhundert solche Auffassungen dominierten, die den Menschen als bloßen Spielball unbewusster Konflikte verstanden oder sein Verhalten als Produkt der jeweiligen Umgebungseinflüsse interpretierten (Wofür wurde/wird jemand belohnt oder bestraft?), rückt seither das humanistische *Ideal des autonomen, selbstverantwortlichen, mündigen Menschen* in den Vordergrund. Auch die Verhaltenstherapie orientiert sich am Ziel, Patienten zu fähigen Problemlösern und „Experten über die eigene Person" zu machen und ihnen die Fähigkeit zu Autonomie, Eigenverantwortung und Selbststeuerung zu vermitteln – ihnen also zu helfen, ihr Leben selbst „auf die Reihe" zu bekommen. Wenn dies gelingt, kann sich der Therapeut allmählich wieder verabschieden und wird nicht mehr gebraucht. Nicht ohne Stolz darf hier angemerkt werden, dass das gesamte Lebenswerk des Erstautors (FHK) im Zeichen dieses Selbstregulations-Ideals stand und die Praxis der Verhaltenstherapie bis heute stark beeinflusst hat.

> **Wir können nicht bestimmen, was uns im Leben begegnet, aber wir können lernen, damit positiv umzugehen.**

Aktive Mitwirkung und gute Zusammenarbeit

Alle Verbesserungen einer Therapie kommen natürlich nicht „automatisch" zustande. Die Verhaltenstherapie kann niemanden ohne sein Zutun von außen ändern, aber sie kann *helfen, sich selbst* (oder bestimmte Lebensumstände) *zu verändern*. Dazu ist erforderlich, dass Therapeuten und Patienten jeweils ihren Teil dazu beitragen und *aktiv mitwirken*. Die gute Zusammenarbeit ist eine unabdingbare Voraussetzung für jeden Therapieerfolg, und wenn man so will, kommt es zu Beginn der Therapie entscheidend darauf an, dass Therapeut und Patient eine Art gemeinsames „Behandlungsteam" bilden.

Intensive Ausbildung von Therapeuten zur Sicherung der Qualität

Für diese Aufgabe müssen beide Seiten bestimmte „Spielregeln" befolgen. Therapeuten sollten für ihre Rolle als Wegbegleiter ihrer Patienten bei Veränderungen optimal vorbereitet sein: Während Verhaltenstherapeuten – wie alle offiziell anerkannten Psychotherapeuten – heute eine der längsten und intensivsten akademischen Ausbildungen hinter sich bringen müssen, um überhaupt mit ihrem Beruf beginnen zu dürfen (nach 5–6 Jahren Studium der Psychologie oder Medizin nochmals ca. 3–5 Jahre Psychotherapieausbildung), sind ihre Patienten oft nur auf bruchstückhafte Informationen aus den Medien oder subjektiv gefärbte Meinungen von Freunden und Bekannten angewiesen.

Zwar wird niemand von Patienten verlangen, vor Beginn einer Therapie schon klare Vorstellungen von den dortigen Abläufen zu besitzen. Für die Kooperation ist es aber sehr hilfreich, wenn Patienten zumindest in groben Zügen darüber Bescheid erhalten, was sie zu erwarten haben (und was nicht) oder sich kurz vor/am Anfang ihrer Therapie intensiver damit beschäftigen können. Zu diesem Zweck haben wir uns bemüht, die wichtigsten Aspekte der aktuellen Verhaltenstherapie zusammenzufassen: Was sie ist, wie sie wirkt, wie sie vorgeht, was sie von ihren Patienten an Mitarbeit verlangt, um erfolgreich zu sein usw. wird Inhalt dieses Buches sein.

Die Verhaltenstherapie ist aber nur eine *Untergruppe* dessen, was man allgemein als „Psychotherapie" bezeichnet. Wir möchten deshalb zunächst einen Blick auf einige Besonderheiten der „psychotherapeutischen Landschaft" (besonders in Deutschland) werfen und mit der Frage beginnen: Psychotherapie – was ist das eigentlich?

3 Das weite Feld der Psychotherapie: Ein Blick in die Landschaft

> **Selbst wenn du es manchmal nicht glauben magst: Welches Problem du auch hast – es gibt immer mehrere Lösungen.**

Wenn Menschen unglücklich sind oder mit ihrem Alltag nicht mehr zurechtkommen, wenden sie sich an unterschiedlichste Adressen in der Hoffnung, dass ihnen geholfen wird: Das kann von guten Freunden und Bekannten bis zu speziellen Beratungsstellen, vom Hausarzt bis zum Pfarrer, vom Sozialdienst bis zum Hörertelefon einer Gesundheitssendung im Rundfunk oder Fernsehen, von Wahrsagern bis zu „Wunderheilern" reichen – anerkannte *Psychotherapeuten* machen dabei meist nur einen geringen Anteil aus.

Auch wenn wir nicht die Meinung vertreten, dass alle Probleme einer Gesellschaft mit Psychotherapie behandelt werden sollten, glauben wir, dass Personen einen Anspruch auf seriöse, gut ausgebildete professionelle Helfer und auf korrekte Vorinformationen haben, falls sie sich für einen solchen Weg entscheiden. Leider werden aber im Alltag (z. B. in Fernsehberichten, Filmen, Zeitschriften oder Büchern) viele Tätigkeiten als „Psychotherapie" bezeichnet, die eigentlich etwas ganz anderes bedeuten. Daher möchten wir zunächst verdeutlichen, was damit überhaupt gemeint ist.

Psychotherapie – was ist das eigentlich?

> *psyche* = Seele
> und
> *therapeia* = Behandlung

Der Begriff *Psychotherapie* kommt ursprünglich aus dem Griechischen und heißt wörtlich übersetzt „Behandlung der Seele“. Dazu wendet sich eine mit psychischen Problemen belastete Person (= „Klient“ oder „Patient“) mit der Bitte um Hilfe/Unterstützung an eine speziell ausgebildete Fachkraft (= „Psychotherapeut“).

Definition Psychotherapie

Psychotherapie ist ein …

- bewusst geplanter,
- systematischer,
- an psychischen oder psychosomatischen Problemen ansetzender,
- mit psychologischen Mitteln durchgeführter,
- zielgerichteter Veränderungsprozess.
- Grundlage sind aktuelle, wissenschaftlich begründete Erkenntnisse in Theorie und Praxis,
- aus denen bestimmte Methoden abgeleitet wurden,
- deren prinzipielle Wirksamkeit für bestimmte Zwecke nachgewiesen ist.
- Die therapeutische Beziehung hat dabei immer eine große Bedeutung.[1]

In der Regel geht es in der Therapie um die systematische Beschäftigung mit dem eigenen Erleben, Denken, Fühlen und Verhalten – mit dem Ziel, bestehende Probleme zu lösen, zu bessern, zu lindern oder zumindest einigermaßen handhabbar zu machen. Wie wir später noch verdeutlichen werden, stehen je nach Schwerpunkt der angewandten Therapieverfahren eher Gespräche bzw. Einsichten in die persönliche Kindheit/Vergangenheit oder die aktive, erlebnis- und handlungsorientierte Auseinandersetzung mit aktuellen Schwierig-

---

[1] Die Definition ist angelehnt an Begriffsklärungen, die z. B. Strotzka (1978, S. 4) oder Baumann, Hecht & Mackinger (1984, S. 3) vorgelegt haben.

keiten im Mittelpunkt. Dies kann einzeln, in Gruppen oder in Form von Partnerschafts- oder Familientherapie geschehen. *Psychotherapie* ist dabei der *Oberbegriff* für unterschiedlichste Ansätze und „Schulrichtungen"; wir werden uns in diesem Buch besonders mit der Untergruppe der modernen *Verhaltenstherapie* und ihren typischen Vorgehensweisen beschäftigen.

Was kann eine Psychotherapie überhaupt leisten?

Psychotherapie kann im Prinzip viele günstige Resultate bewirken – vorausgesetzt, die Zusammenarbeit zwischen Patient und Therapeut stimmt, und die Erwartungen bleiben im Rahmen. Denn einerseits gibt es zu bescheiden-pessimistische Patienten, die die tatsächlich möglichen Erfolgsaussichten einer Therapie weit *unter*schätzen. Andererseits finden wir oft übertriebene Hoffnungen, die keine Therapie der Welt erfüllen kann. Wir haben daher einige Aussagen von Patienten zusammengestellt, die einen Eindruck von den *realistischen Möglichkeiten* einer Therapie geben können. Beispielsweise sind folgende Aspekte mit Hilfe einer Psychotherapie durchaus erreichbar.

Realistische Therapieziele von Patienten

„Ich möchte …

- **bestehende Probleme und Konflikte besser bewältigen lernen",**
- **weniger Angst haben, mich wieder unter Leute trauen",**
- **nicht mehr so depressiv sein",**
- **selbstsicherer werden und nicht mehr so stark von der Meinung anderer abhängig sein",**
- **mich mit meinem Partner wieder besser verstehen",**
- **die Ursachen meiner emotionalen Probleme herausfinden",**
- **die tiefe Trauer nach dem Unfalltod meines Mannes vor 4 Jahren endlich überwinden",**
- **mich nicht mehr über jede Kleinigkeit ärgern, sondern wieder zufriedener werden und das Leben genießen können",**
- **von meinen zwanghaften Gedanken und Handlungen loskommen",**
- **mich selbst besser verstehen und mehr Klarheit über meine Ziele, Bedürfnisse, Motive und Interessen erhalten",**

- in Beziehungen zum anderen Geschlecht nicht immer wieder die gleichen Fehler machen",
- nach meiner Scheidung neue persönliche Orientierung finden",
- ein schlimmes, traumatisches Erlebnis überwinden",
- mich an meinem Arbeitsplatz nicht mehr von allen ausnützen lassen",
- von Alkohol, Drogen oder Tabletten loskommen",
- besser mit anderen Leuten reden lernen und Kontakte knüpfen".

Insgesamt leistet Psychotherapie sowohl bei der *Behandlung* als auch zur *Vorbeugung* psychischer Probleme sehr gute Dienste. Auch bei der Begleitung chronisch kranker Personen oder in der Rehabilitation zeigen sich positive Effekte. Im derzeitigen Gesundheitswesen hat Prävention (mit dem Ziel, psychische Störungen gar nicht erst entstehen oder zumindest nicht chronisch werden zu lassen) allerdings einen sehr geringen Stellenwert; Psychotherapie wird leider meist erst dann bezahlt, wenn bereits eine behandlungsbedürftige „psychische Krankheit" vorliegt.

Die Grenzen: Was auch eine Therapie nicht schaffen kann

Trotz aller Vorteile ist Therapie kein Allheilmittel für alles. Neben der Tatsache, dass es für bestimmte Zwecke oft bessere *andere* Unterstützungsformen gibt (z. B. die Angebote von Rechtsanwälten, Pfarrern, Ämtern, Sozialdiensten usw.), stößt jede Psychotherapie auch an Grenzen.

Allgemeine Grenzen des menschlichen Daseins

Selbst wenn wir es im Alltag oft nicht wahrhaben wollen – bestimmte Erfahrungen wie z. B. Leid, persönliche Verluste oder Krankheit gehören zu den natürlichsten Dingen des menschlichen Lebens. Eine Therapie kann vielleicht deren Begleiterscheinungen lindern helfen, jedoch schmerzhafte Ereignisse weder ungeschehen machen noch künftig verhindern.

> **Selbst der Kaiser mit all seinem Geld kann sich nicht zehn zusätzliche Lebensjahre erkaufen.**
> **Chinesisches Sprichwort**

Auch bringt das Leben unausweichliche Prozesse wie Alterung oder Vergänglichkeit mit sich und ist – trotz gestiegener Lebenserwartung in den westlichen Gesellschaften – von begrenzter Dauer. Und spätestens seit Ikarus oder den Flugversuchen des Schneiders von Ulm wissen wir, dass wir der Schwerkraft und anderen physikalischen Gesetzen kein Schnippchen schlagen können.

Spezielle persönliche Grenzen

Nicht jeder kann Olympiasieger im 100-m-Lauf oder Opernsängerin an der Metropolitan Opera in New York werden, d.h. es gibt für jeden Menschen Grenzen bezüglich Fähigkeiten, Lerngeschichte, vererbter physiologischer Ausstattung (z.B. Körpergröße, Muskelkraft, Aussehen, Anfälligkeit für Krankheiten) und vieles mehr. Personen unterscheiden sich sehr stark in diesen Punkten – und umgekehrt natürlich auch in ihren Stärken und Möglichkeiten, die wir in der Therapie zu entdecken und zu fördern versuchen.

Soziale und kulturelle Grenzen

So kann das soziale Umfeld extrem „therapiefeindlich" sein und die Bemühungen des Patienten wenig unterstützen: Partner, Familienmitglieder, Kollegen haben – bei genauerem Hinsehen – möglicherweise gute Gründe, die Weiterentwicklung der in Therapie befindlichen Person aktiv oder passiv zu verhindern.

Andere Grenzen gibt es durch Unterschiede in *kulturellen Normen*, so dass – bei noch so viel Toleranz – manche Lebensmaßstäbe von Personen mit asiatischer, afrikanischer oder arabischer Herkunft nur schwer nachvollziehbar sind. Allerdings lassen sich solche Grenzen in der Therapie in vielen Fällen überwinden: So können Patienten den Therapeuten beispielsweise mit Hilfe vieler Informationen helfen, wichtige Traditionen, Gepflogenheiten und Standards ihrer Kultur und ihres Lebens besser zu verstehen. Dadurch lassen sich Unterschiede besser erkennen und hinsichtlich ihres Einflusses auf die Therapie offen diskutieren.

Materielle Grenzen

Nicht jeder hat das „Glück", in einer reichen Industrienation zur Welt zu kommen, wo es zumindest nicht an finanziellen Grundlagen mangelt; andererseits gibt es aber auch bei uns materielle Armut, die bestimmte (theoretisch hilfreiche) Schritte enorm erschwert. So könnte es für viele Personen im Prinzip zwar angenehm und auch therapeutisch günstig sein, öffentliche Veranstaltungen zu besuchen (Theater, Oper, Sportwettkämpfe), in den Fitnessclub oder die Sauna zu gehen, Reisen zu unternehmen, sich eine Putzhilfe zu leisten oder einen Babysitter für die Kinder zu engagieren. Für Sozialhilfeempfänger scheiden bereits weniger teure Möglichkeiten (z. B. ins Café oder Kino gehen) von vornherein aus oder sind doch zumindest stark eingeschränkt.

Einige Aspekte haben mit unabänderlichen *Tatsachen des Lebens* zu tun. Ein Effekt von Therapie kann somit das Erkennen von Grenzen sein – was zwar manchmal den Verlust trügerischer Illusionen bedeutet, aber dann leichter zu verschmerzen ist, wenn man gleichzeitig einen anderen Umgang damit lernt bzw. es schafft, seine vorhandenen Energien auf das Verfolgen persönlich sinnvoller *neuer* oder *anderer* Ziele zu lenken.

So musste Elke P. zu Beginn ihrer Therapie erst langsam erkennen lernen, dass es als Mensch völlig unmöglich ist, keine Fehler zu machen und immer perfekt zu sein: „Ich glaube, durch meine strenge Erziehung habe ich extrem hohe Ansprüche an mich gestellt. Da waren Versagenserlebnisse ständig vorprogrammiert. Genau genommen war das einzige, was bei meinem Streben nach Perfektionismus wirklich herauskam, dass es mir dauernd schlecht ging. In meiner Therapie habe ich das endlich erkannt und mich entschieden, statt 100%ig oder gar 200%ig sein zu wollen, schon mit 90% zufrieden zu sein – und siehe da, seither geht es mir viel besser!"

Psychotherapie kann zwar keine Wunder wirken, soziale Kontakte im Alltag ersetzen, einen neuen Partner „herbeizaubern" oder die Probleme rasch und ohne Zutun der Patienten lösen. Solche Grenzen sind aber natürlich nicht das Ende aller therapeutischen Lösungsbemühungen. Oft lernt man erst während einer Therapie, vorhandene Grenzen zu akzeptieren, neue Wege zu gehen, bisherige Ziele auf eine andere Weise zu erreichen, übertriebene Ansprüche zurückzuschrauben, Illusionen aufzugeben oder sich stattdessen lohnende Dinge in anderen Lebensbereichen zu suchen.

Was gibt es sonst noch (außer Psychotherapie)?

Andere hilfreiche Angebote und Dienstleistungen

Nicht alle Anliegen, Schwierigkeiten, Fragen und Probleme des Alltags machen eine *Psychotherapie* erforderlich. Darunter verstehen wir ja einen *systematischen Prozess der Veränderung*, der eine gewisse Zeit dauert und die Betroffenen in die Lage versetzen soll, danach wieder ohne fremde Hilfe von außen leben zu können. Wo dies nicht möglich ist, wo bleibende Verbesserungen utopisch sind, wo es wegen einer akuten Krise schnell gehen muss und es einen Zwang zum sofortigen Eingreifen gibt, wo sonstige Berufsgruppen oder Einrichtungen als Anlaufstelle besser geeignet wären, rücken *andere* gesellschaftliche, medizinische oder psychosoziale Dienstleistungen in den Vordergrund. Bei vielen gibt es Überlappungen mit Psychotherapie, manche werden auch von Psychotherapeuten oder benachbarten Berufsgruppen angeboten – meist gelten dafür aber *andere Ziele* und demzufolge andere *„Spielregeln"*.

Dauerbegleitung oder Langzeitbetreuung

Viele Personen brauchen beispielsweise eine *Dauerbegleitung* oder *Langzeitbetreuung*: Wir denken dabei an geistig oder körperlich behinderte Mitbürger, chronisch Kranke, ältere Menschen, pflegebedürftige Personen und andere, die ohne eine solche ständige Hilfe nicht (über-)lebensfähig wären. Hier geht es um *alltägliche Lebensbegleitung*, „tätige Nächstenhilfe" oder direkte Unterstützung im ganz normalen Tagesablauf, wobei die Helfer – anders als in einer Psychotherapie – den Betroffenen auch viele Handgriffe abnehmen müssen.

Emotionaler Beistand

In anderen Fällen kommt es statt einer therapeutischen Arbeit an Veränderungen/Verbesserungen auf ein Stabilhalten des Momentanzustands oder eine Verzögerung des Abbaus an. Einfach „da sein", begleiten, nicht alleine lassen, Zuwendung geben und eine Atmosphäre der Geborgenheit schaffen – solche Aspekte haben auch besonders bei Verlusterlebnissen große Bedeutung. Wenn jemand den Partner, ein Kind, Mutter, Vater oder Geschwister verloren hat, einen Unfall mit schweren Verletzungen erleiden musste oder plötzlich von der Diagnose einer schweren Krankheit überrascht wird, geht es in erster Linie um *emotionalen Beistand*. Auch in weniger dramatischen Fällen (nach einer Trennung vom Partner oder dem Verlust des Arbeitsplatzes) hilft erst einmal die Zuwendung, um leichter darüber hinweg zu kommen und sich später mit der Frage beschäftigen zu können: „Was kann ich daraus lernen – was mache ich ab jetzt?"

Soforthilfe bei Krisen

Während Psychotherapie (selbst „Kurzzeit-Therapie") immer Zeit, Geduld und längeres, beharrliches Arbeiten an Veränderungen bedeutet, gibt es *akute Krisensituationen*, bei denen schnell unter Einsatz aller verfügbaren Hilfsmittel eine bedrohliche Situation bewältigt werden muss. Je nach Art der Krise kann dies medizinische, psychologische, polizeiliche oder sozialarbeiterische *Soforthilfe* bedeuten und ein sehr „zupackendes" Handeln und aktives Eingreifen der Helfer erfordern. Manche Entscheidungen fallen unter großem Zeitdruck und manchmal (z. B. bei Selbst- oder Fremdgefährdung) auch über den Kopf der Betroffenen hinweg. In vielen Fällen ist erst nach Überwindung der akuten Notsituation eine längere psychotherapeutische Aufarbeitung der Faktoren möglich, die ursprünglich zur Krise geführt hatten.

Organmedizinische Behandlung

In vielen Fällen ist eine *organmedizinische Behandlung* (mittels Medikamenten, Operationen, Bestrahlung oder anderen direkt körperbezogenen Interventionen) die Methode der Wahl. Bei vielen psychischen Problemen spielen körperliche Erkrankungen eine große Rolle und umgekehrt. Dann sollte es in der Praxis zu einer guten Zusammenarbeit zwischen Ärzten und Psychotherapeuten kommen – zum Wohle des Patienten, der dazu natürlich sein Einverständnis geben muss (Datenschutz/Schweigepflicht!).

Es ist für Psychotherapeuten selbstverständlich, dass *vor Beginn* einer Psychotherapie zunächst alle möglichen organischen Ursachen für die Beschwerden untersucht und ausgeschlossen werden; dies ist auch der Grund, weshalb im Verlauf der ersten Probesitzungen eine

Überweisung zum Arzt (und ein so genannter „Konsiliarbericht") erforderlich ist. Im herkömmlichen Gesundheitssystem wird die Gefahr, dass organische Ursachen psychischer Erkrankungen übersehen werden, allerdings eher überschätzt. Im Gegenteil – einige Forschungsergebnisse deuten darauf hin, dass viele Menschen – oft über Jahre – fälschlicherweise körperlich-medizinisch behandelt werden, bevor mit Hilfe einer Psychotherapie an den psychischen Ursachen ihrer Beschwerden angesetzt wird.

Beratung

Manche Personen suchen für bestimmte Teilaspekte ihres Lebens eine gezielte *Beratung* durch Experten. Beratung im engeren Sinne findet dann statt, wenn eine entsprechend ausgebildete Person ihre Spezialkenntnisse an Ratsuchende weitergibt. Finanzberater, Computerexperten oder Berufs- und Studienberater sind Beispiele für solche Dienstleistungsangebote in unserer Gesellschaft. Näher an unser therapeutisches Arbeitsfeld rücken Sozial- oder Schuldnerberatung, und im Fall von Ehe-, Lebens-, Partnerschafts- oder Erziehungsberatung überschneiden sich viele Angebote mit Therapie in unserem Verständnis. Solche Beratungsdienste werden meist außerhalb des Krankenkassensystems angeboten; viele sind für die Ratsuchenden kostenfrei, weil sie mit öffentlichen Geldern oder kirchlichen Zuschüssen finanziert werden. Adressen solcher Einrichtungen finden Sie im Anhang.

Selbsterfahrung

Im Gegensatz zu einer Psychotherapie, die bei psychischen Krankheiten als Kassenleistung gilt, wendet sich *Selbsterfahrung* eher an „gesunde", wenig beeinträchtigte Menschen, die mehr über sich, ihre Vergangenheit oder sonstige Aspekte ihrer Person erfahren möchten. Eine gezielte Veränderung von Problemverhalten *kann* zwar die Folge sein; meist bleibt es aber den Interessenten überlassen, was sie aus den Erfahrungen und Erkenntnissen für sich machen. In der Regel müssen die Teilnehmer selbst für die Bezahlung der Kurse oder Seminare aufkommen.

Gute Zusammenarbeit und Koordination der Maßnahmen ist wichtig

In der Praxis geht es oft weniger um die Frage: „Psychotherapie *oder* andere Dienstleistungen?" Meist stellt nämlich eine gute *Zusammenarbeit* die beste Lösung dar: So kann eine Berufsberatung oder Eheberatung eine laufende Einzeltherapie sinnvoll ergänzen, und bei vielen psychischen Krankheiten darf sowieso nicht auf eine medikamentöse Begleitung verzichtet werden. Wir möchten in diesem Zusammenhang auch erwähnen, dass manchmal Pfarrer, Rechtsanwälte, Arbeitsamt, Wohnungsamt, Sozialamt etc. als Anlaufstellen besser geeignet sind als Therapeuten (oder in vielen Fällen eine Therapie gut und hilfreich ergänzen).

Was ist Verhaltenstherapie?

Die Verhaltenstherapie ist eine Therapierichtung, die wie keine andere auf der wissenschaftlich-psychologischen Grundlagenforschung beruht. Wie hat sie begonnen, wie hat sie sich entwickelt, und was kennzeichnet sie heute?

Die Anfänge. Der Begriff „Verhaltenstherapie" entstand in den 50er Jahren des letzten Jahrhunderts. Damals begannen Theoretiker und Praktiker (unabhängig voneinander in England, USA und Südafrika), die Erkenntnisse psychologischer Verhaltens- und Lerntheorien für die Erklärung bzw. Behandlung psychischer Probleme zu nutzen.

Die Anfänge der Verhaltenstherapie

Begünstigt wurde dies durch rasante Fortschritte der gesamten Psychologie zur damaligen Zeit: So wurden viele Konzepte und therapeutische Methoden entwickelt, die wesentlich zielgerichteter, kürzer, effektiver und weniger spekulativ waren als im damals vorherrschenden Ansatz der Psychoanalyse. Und so ist in der Gründungsphase der Verhaltenstherapie manches auch als „Gegenprogramm" zur psychoanalytisch-tiefenpsychologischen Therapie zu verstehen, die als Teil der *Medizin* bis heute eine ärztliche Domäne darstellt.

Die 3 großen „W" der Verhaltenstherapie (nach Johannes C. Brengelmann):

- ***W**issenschaftlichkeit*
- ***W**irksamkeit*
- ***W**irtschaftlichkeit*

Demgegenüber baute die Verhaltenstherapie von Anfang an auf den *Erkenntnissen und Regeln der wissenschaftlichen Psychologie* auf: Dort geht es um beobachtbares Verhalten, klar formulierte, von anderen nachprüfbare Theorien, Maßnahmen mit nachgewiesener Wirkung und ein wirtschaftliches Vorgehen („mit möglichst geringen Mitteln möglichst große Effekte erzielen"). An solchen – damals neuen und ungewohnten – Forderungen entzündeten sich heftige Diskussionen in der Fachwelt. Mittlerweile sind die polemischen Debatten der unterschiedlichen „Therapieschulen" aus der Anfangszeit aber längst vorbei und haben erfreulicherweise einem gegenseitigen Interesse und einer wechselseitigen Befruchtung Platz gemacht, so dass die meisten Therapierichtungen mittlerweile bereit sind, zum Wohle der Patienten voneinander zu lernen.

Weiterentwicklung der Verhaltenstherapie

Einige Stationen der Entwicklung. Seit ihren Anfängen hat sich die Verhaltenstherapie ständig weiterentwickelt. Sehr früh schon (in den 60er Jahren) wurde von verhaltenstherapeutischen Praktikern die – aus der Tradition des „Behaviorismus" stammende – Beschränkung auf äußerlich sichtbares Verhalten aufgegeben: Gedanken/Einstellungen, äußeres Verhalten, Gefühle sowie biologisch-körperliche Abläufe des Organismus – also *alle Ebenen des menschlichen Erlebens und Verhaltens* – finden jetzt Berücksichtigung.

Später wurde die Erkenntnis, dass wirksame Techniken in ein schlüssiges *Gesamtkonzept* und vor allem in eine *positive Therapeut/Patient-Beziehung* eingebettet sein müssen, in entsprechende Anleitungen zur Gestaltung des Therapieprozesses integriert: Auf der Basis einer vertrauensvollen Arbeitsbeziehung, welche die (notwendige, aber nicht schon alleine ausreichende) *Grundvoraussetzung* jeder erfolgreichen Therapie darstellt, kommen seither erprobte *Konzepte des Problemlösens* für die Therapieplanung zum Einsatz.

Anerkennung als „Richtlinienverfahren" durch die Krankenkassen

Bedingt durch vermehrte Forschungsanstrengungen und das Bekanntwerden immer neuer positiver Behandlungsresultate bei vielen klinischen Krankheitsbildern wurde die Verhaltenstherapie auch als Psychotherapie-Richtung im Rahmen der Krankenkassen interessant. Aushängeschilder für die *Wirksamkeit verhaltenstherapeutischen Vorgehens* sind die Behandlung von Ängsten, Zwängen, Depressionen, sozialer Unsicherheit, Kontakt- oder Kommunikationsproblemen, psychosomatischen Krankheiten, Schlaflosigkeit, Schmerzen, Süchten/Abhängigkeiten, Essstörungen, Partnerschaftsproblemen, Sexualproblemen, Stressbewältigung, Verhaltensauffälligkeiten bei Kindern und Jugendlichen, Erziehung allgemein, Elterntrainings, Arbeit mit schizophrenen Personen und deren Angehörigen. Dementsprechend ist die Verhaltenstherapie in den 80er Jahren in Deutschland zu einem anerkannten „Richtlinienverfahren" geworden.

Verhaltenstherapie als „Anleitung zum Selbstmanagement"

Spätestens zu Beginn der 90er Jahre setzte sich dann die Auffassung von *Verhaltenstherapie als „Anleitung zum Selbstmanagement"* durch. Hierin spiegeln sich fast 40 Jahre Lebenswerk des Erstautors dieses Buches (FHK), und es ist erfreulich, dass Grundidee und Therapiemodell international wie national auf so große Resonanz gestoßen sind. Von manchen als „humanistische Form der Verhaltenstherapie" bezeichnet folgt diese Variante dem Bild des nach Autonomie und Selbstverantwortung strebenden Menschen. Der Therapeut übernimmt dabei die Rolle eines professionellen Helfers, der seine Patienten auf ihrem Weg in ein besseres Leben begleitet. Dabei geht es nicht nur um Reduktion der Beschwerden, sondern um das Lernen bestimmter Fähigkeiten und um die grundsätzliche Befähigung zu Selbststeuerung und Selbstmanagement. Für eine solche Selbstregulation ist es unabdingbar, dass Patienten besser über ihre Ziele, Stärken und Schwächen Bescheid wissen und sich relativ früh in der Therapie mit solchen Aspekten beschäftigen.

Diese kurze Skizze der wichtigsten bisherigen Entwicklungen mag hier genügen. Es gehört allerdings zum verhaltenstherapeutischen Programm, stets in Einklang mit der Befundlage der wissenschaftlichen Grundlagenforschung zu bleiben. Die Verhaltenstherapie wird sich folglich weiter wandeln und immer wieder Neuerungen oder veränderte Erkenntnisse in ihr Konzept und Vorgehen einbeziehen, wenn sich die Wirksamkeit dadurch verbessern lässt.

Veränderung durch Lernen

Was kennzeichnet die Verhaltenstherapie heute? Der wichtigste Grundgedanke ist nach wie vor, dass menschliches Verhalten im Laufe des bisherigen Lebens *erlernt* wird.

> **„Menschliches Verhalten ist in wesentlichen Zügen gelernt, kann also auch ver-, um- oder neu gelernt werden"**
> ***Credo der Verhaltenstherapie*** **(Reinecker, 1999, S. 88)**

Dementsprechend kann es (falls nötig) wieder verlernt oder zum Positiven korrigiert werden. Dies gilt gleichermaßen für „normales" wie für „problematisches" Verhalten, für Gedanken genauso wie für Gefühle oder körperliche Reaktionen. Auch können viele bislang fehlenden Fähigkeiten neu dazugelernt werden, oder Menschen lernen mit Hilfe der Verhaltenstherapie andere/bessere Verhaltensweisen, um mit Problemsituationen zurecht zu kommen. Und selbst wenn in bestimmten Situationen *keine* Veränderung möglich sein sollte, kann immer noch ein besserer Umgang mit dieser „Tatsache" gelernt werden.

Selbststeuerung, Autonomie und Selbstverantwortung als übergeordnete Therapieziele

Die heutige Verhaltenstherapie stellt das Ziel der *Selbststeuerung* von Menschen an oberste Stelle. Sie versucht, Hilfen zur Lebensgestaltung zu vermitteln und die *Autonomie* und *Selbstverantwortung* zu fördern, bis der Patient vom Therapeuten wieder unabhängig wird und dann kein „Patient" mehr ist.

Wenn Personen sich für eine Therapie entschieden haben, geht es allerdings zunächst einmal um die *aktive Bewältigung von aktuellen Problemen*. Deren Wurzeln können zwar in der persönlichen Lebensgeschichte weit zurückliegen; jedoch müssen Personen *heute* lernen, mit den Schwierigkeiten umzugehen und andere (am besten korrigierende *positive*) Erfahrungen zu machen. Ein weiteres Ziel der VT liegt darin, Patienten zu helfen, *künftige* Probleme vorab zu erkennen und sich auf absehbare Schwierigkeiten rechtzeitig und aktiv vorzubereiten. In all diesen Fällen helfen *Fertigkeiten zum Analysieren und Lösen von Problemen*, und folgerichtig besteht ein übergeordnetes Lernziel der Verhaltenstherapie darin, Patienten solche Fertigkeiten beizubringen.

Veränderung zum Positiven durch systematisches Problemlösen

Egal, ob es sich um vergangene, gegenwärtige oder zukünftige Probleme handelt – ein therapeutischer *Lern- und Veränderungsprozess* zielt im Prinzip immer darauf ab, vom derzeitigen unbefriedigenden IST-Zustand ☹ zu einem besseren SOLL-Zustand ☺ zu gelangen (siehe dazu besonders Kap. 6). Jedes Problem wird als *Chance* verstanden, *etwas zum Besseren zu verändern*, und dementsprechend lautet die Leitfrage für Patienten: „Was kann/muss/möchte ich ab heute für ein künftiges *besseres* Leben lernen?" Dazu wenden die Beteiligten ein *systematisches Problemlösen* an: Der Verhaltenstherapeut kennt die Schritte des optimalen Vorgehens und begleitet seine Patienten damit auf ihrem Weg. Dabei kommen im Verlauf der Therapie viele wirksame Standardmethoden und Einzeltechniken zum Einsatz. Mit deren Hilfe kann der Patient mit den kritischen Situationen seines Alltags besser umgehen, seine Ziele effektiver verfolgen, andere Lösungen finden und auch neue Herausforderungen im Leben meistern.

Konzentration auf aktuelle Probleme und kürzere Therapiedauer

Eine vertrauensvolle Beziehung und eine gute Zusammenarbeit zwischen Therapeut und Patient sind natürlich die *Grundlage* jedes Therapieerfolgs. Durch die starke Konzentration der VT auf aktuelle Probleme und die Frage: „Was kann ich ab heute lernen, damit es mir bald besser geht?" ergibt sich in der Regel eine deutlich kürzere Therapiedauer. Denn das Ziel ist nicht vollständige „Heilung" oder Freisein von sämtlichen Beschwerden; vielmehr sollen Patienten einen Grad subjektiven Wohlbefindens erreichen, der sie zufriedenstellt und der auch von der jeweiligen sozialen Umgebung akzeptiert werden kann.

Viele Vorgehensweisen dienen der *Klärung und Reflexion* bestimmter Sachverhalte:

- Was ist mir im Leben wichtig?
- Welche Probleme und Sorgen belasten mich?
- Wie sehen diese genau aus?
- Welche Bedingungen und Konsequenzen könnten dabei eine Rolle spielen?
- Wie sollte die Situation anders/besser sein?
- Was wünsche ich mir stattdessen?

Solche Fragen helfen dabei, sich selbst besser zu verstehen und Ziele für die Zukunft zu finden.

Lernen ist in jedem Lebensalter möglich

In gewisser Weise verkörpert die Verhaltenstherapie eine „vorsichtig-optimistische" Lebenshaltung, denn sie *fördert neues Lernen und Veränderungen in jedem Lebensalter* und nutzt dazu systematisch alle Strategien und Methoden, die sich sowohl in der Praxis als auch in der Forschung als zielführend erwiesen haben. Dazu gehört auch das Erkennen, Nutzen und Fördern persönlicher Stärken und Talente. Und so ist es für viele Patienten überraschend, wie viele positive Qualitäten sie bei sich entdecken, sobald sie darin unterstützt werden.

Die psychologische Grundorientierung und das Bevorzugen erfahrungswissenschaftlich fundierter Konzepte, Ergebnisse und Maßnahmen gehören weiterhin zu den Säulen des verhaltenstherapeutischen Ansatzes. Diese Nähe zu wissenschaftlichen Befunden ist aber nur Mittel zum Zweck: Sie bringt für die Patienten den Vorteil mit sich, dass sie immer nach dem aktuellen „Stand der Zunft" behandelt werden.

In der folgenden Übersicht haben wir einige wesentliche Kennzeichen der heutigen Verhaltenstherapie zusammengefasst.

Sechs wichtige Kennzeichen der heutigen Verhaltenstherapie

Oberstes Ziel: Anleitung zum „Selbstmanagement"

- Grundlage: Bild des nach Selbstregulation, Autonomie, Eigenverantwortung strebenden Menschen
- Wichtigstes Instrument: Vermittlung von Fertigkeiten zur Lebensgestaltung und zum Analysieren und Lösen von Problemen
- Patienten arbeiten und entscheiden mit, es ist *ihre* Therapie, es geht um *ihre* Ziele in *ihrem* Leben
- Die Therapie verläuft transparent und für die Patienten nachvollziehbar
- Fokus: Tatsächliches Leben „draußen"

Umfassender Verhaltensbegriff

- Sowohl *äußerlich* beobachtbares Verhalten als auch *innere* Vorgänge wie Gedanken, Gefühle und biologisch-körperliche Reaktionen sind wichtig
- Immer wirken biologische, psychische und soziale Faktoren zusammen (bio-psycho-soziales Modell)

Möglichst große Nähe zur Wissenschaft

- Alle Gesetzmäßigkeiten, Regeln und Erkenntnisse der psychologischen Grundlagenforschung sind bedeutsam
- Es werden bewährte/fundierte Konzepte und nachweislich wirksame Vorgehensweisen angewandt

- Die Arbeit der Therapeuten steht in Einklang mit dem aktuellen Stand ihrer „Zunft"
- Klare, konkrete Beschreibungen aller Vorgänge helfen bei der Erfolgskontrolle (Evaluation)

Therapie als aktiver Lern- und Veränderungsprozess

- Was erlernt ist, kann auch verlernt werden; auch Neu- oder Umlernen ist möglich
- Lernen durch aktives *Handeln* am Problem (erfahrungsorientiertes Lernen, oft wirksamer als Lernen durch Einsicht)
- Verbesserungen kommen durch systematische Veränderungen zustande
- Optimale Gestaltung der Therapie durch ein Modell des Problemlösens in Schritten
- Ergebnisorientiertes Vorgehen (Beobachten der Entwicklungen/Fortschritte; dann je nach Resultat: Weiter so oder Weg ändern?)

Vertrauensvolle Therapeut/Patient-Beziehung

- Eine gute Arbeitsbeziehung ist das notwendige (aber nicht schon ausreichende) Fundament der Therapie

Rolle der Therapeuten

- Die Therapeuten sind Änderungsassistenten, Problemlösebegleiter und Vermittler von Fähigkeiten, geben Informationen, Anregungen und Anstöße (ohne die Probleme abzunehmen oder sie stellvertretend zu lösen)
- Die Therapeuten bieten anfangs viel Verständnis, Unterstützung und Führung; im Zuge der therapeutischen Fortschritte übergeben sie zunehmend ihren Patienten die Initiative und Verantwortung

Die Verhaltenstherapie ist ein vergleichsweise „junges" therapeutisches Verfahren mit vielen Vorzügen. Sie ist besonders für Personen geeignet, die bei ihren *derzeitigen* Schwierigkeiten vorankommen möchten und Wert darauf legen, dass der Therapeut aktuellen Behandlungsstandards folgt und effektive Methoden in einem nachvollziehbaren Therapiekonzept einsetzt. Wenn sie dann noch die Therapie als ihr eigenes Veränderungsprojekt begreifen und – mit Anregung/Unterstützung des Therapeuten – aktiv mitarbeiten, gibt es gute Aussichten auf dauerhaften Erfolg.

Beim Blick in die Landschaft der Psychotherapie haben wir – dem Titel unseres Buches entsprechend – die Verhaltenstherapie hier vergleichsweise ausführlich präsentiert. Es gibt aber noch viele *andere* Therapieformen, denen zudem der entstehungsgeschichtliche Vortritt gebührt.

Andere etablierte Therapierichtungen

Andere therapeutische Sichtweisen

Im Verlauf der über 100-jährigen Geschichte der Psychotherapie haben sich verschiedenste Zweige herausgebildet. Alle diese „Schulen“ sind *Sichtweisen*, die den Blick auf unterschiedliche Phänomene lenken, obwohl sie auch manche Gemeinsamkeiten aufweisen (s. weiter unten). Je nach Perspektive ergeben sich unterschiedliche Schwerpunkte, Maßnahmen und Vorgehensweisen – und auch Unterschiede in der Nützlichkeit bzw. Wirksamkeit hinsichtlich bestimmter „Störungen“.

Wir beschränken uns hier auf die bedeutsamsten Therapierichtungen und greifen diejenigen heraus, die neben der Verhaltenstherapie am meisten Verbreitung gefunden haben. Dabei skizzieren wir lediglich ein paar Kerngedanken, um einen groben Eindruck der Konzepte zu vermitteln. Im Anhang und im Literaturverzeichnis haben wir noch weiterführende Quellen angegeben, mit deren Hilfe sich interessierte Leser ausführlicher informieren können.

Psychoanalyse: Auf der Suche nach unbewussten Konflikten aus Kindheit und Vergangenheit

Psychoanalyse. Die offizielle Geschichte der Psychotherapie beginnt mit der Psychoanalyse[2] und der Person Sigmund Freud. Im *klassischen* psychoanalytischen Verfahren wird der Patient aufgefordert, dem Therapeuten mit Hilfe der „freien Assoziation“ spontan auftauchende Gedanken und Gefühle mitzuteilen. Der Psychoanalytiker

---

[2] Wir danken unserer psychoanalytischen Kollegin Professor Dr. Doris Knoblach aus Bamberg für diesbezügliche Informationen aus erster Hand.

benutzt dabei die Couch als Hilfsmittel, um den Patienten die Möglichkeit zu geben, sich ungestört seinen Gedanken, Gefühlen und Erinnerungen hinzugeben (der Therapeut befindet sich nicht in seinem Blickfeld, sondern sitzt hinter ihm). Der Analytiker hört mit „gleichschwebender Aufmerksamkeit" zu und enthält sich – dem „Abstinenzgebot" folgend – wertender Stellungnahmen oder Ratschlägen.

Bei der Beziehung zwischen Therapeut und Patient spielen die so genannten „Übertragungen" eine besondere Rolle: Denn der Analytiker bekommt Gefühle und Reaktionen des Patienten zu spüren, die „eigentlich" aus früheren Beziehungserfahrungen des Patienten stammen und in der Therapie wieder aktiviert werden. Symptome sind als unbewusste Selbstheilungsversuche zu verstehen (allerdings mit unbefriedigendem, weil negativen Ergebnis); sie dienen der Abwehr sexueller Impulse und helfen, das Auftauchen verdrängter Triebregungen/Konflikte zu vermeiden.

Ziel der Therapie ist die Aufdeckung, Bearbeitung und Bewältigung bisher unbewusster Konflikte, die aus der Lebensgeschichte des Patienten und insbesondere aus der frühen Kindheit herrühren. Dazu sind Interpretationen und Deutungen, das Durcharbeiten von „Widerständen" und auch die Arbeit mit Träumen (als „Königsweg" zum Unbewussten) geeignete Mittel.

Häufig dauert die gesamte Behandlung mehrere Jahre – bei einer Sitzungshäufigkeit von 3 bis 4 Stunden pro Woche. Neben der klassischen Psychoanalyse nach Freud gibt es u. a. auch die Individualpsychologie von Alfred Adler und die analytische oder komplexe Psychologie von Carl Gustav Jung. Während Adlers Hauptanliegen in der Therapie der Auseinandersetzung des Individuums mit der sozialen Umwelt gilt, orientiert sich C. G. Jung an einer philosophischen und religiös-mythologischen Deutung des menschlichen Erlebens und Verhaltens.

Kurzform des psychoanalytischen Ansatzes

Tiefenpsychologisch fundierte Psychotherapie. Die tiefenpsychologisch fundierte Psychotherapie stellt die heute gebräuchlichste Behandlungsform in der Tradition der Psychoanalyse dar. Sie konzentriert sich ebenfalls auf die unbewussten Konflikte von Patienten, kommt jedoch mit weniger (d. h. 1 bis 2) Therapiestunden pro Woche aus und findet im Sitzen statt. Durch die Analyse von vergangenen Beziehungserfahrungen und Konfliktmustern soll der Patient allmählich ein tieferes Verständnis von seinem lebensgeschichtlichen Hintergrund erhalten. Auch mit Hilfe von freien Assoziationen, Interpretationen/Deutungen von Träumen, Phantasien und dem sorgfältigen Erheben der Krankheitsgeschichte („Anamnese“) kommt der Patient in Kontakt mit zuvor unbewussten Erfahrungen und kann dann seine Probleme – durch die Einsicht in innere Konflikte – bewusst verarbeiten. Durch die Konzentration auf zentrale Lebensprobleme ist die gesamte Therapiedauer gegenüber der klassischen Psychoanalyse deutlich kürzer (etwa $^1/_3$ davon, bei Krankenkassenfinanzierung max. 100 Sitzungen).

Empathische Therapeutenhaltung schafft „wachstumsförderliche“ Atmosphäre

Gesprächspsychotherapie. Die Gesprächspsychotherapie nach Carl Rogers geht davon aus, dass Patienten durch eine „wachstumsförderliche“ Gesprächssituation in der Therapie zur Selbstverwirklichung gelangen. Wenn Patienten also die bedingungslose Zuwendung, positive Wertschätzung, emotionale Wärme und Empathie eines verständnisvollen, einfühlsamen, „echten“ und „kongruenten“ Therapeuten erleben, werden sie aus eigener Kraft zu einer Neueinschätzung und Bewältigung ihrer Situation fähig. Negative Gefühlszustände, Ängste und Spannungen sind ein Zeichen dafür, dass bedeutsame neue Erfahrungen nicht in das bisherige Selbstkonzept integriert werden können und deshalb bedrohlich sind. Der Therapeut versucht, die Welt des Patienten mit dessen Augen zu sehen und gibt das, was er verstanden zu haben glaubt, in eigenen Worten wieder. Dies dient dem Bewusstmachen des „wahren Selbst“, ohne dass der Therapeut seinen Patienten Ziele oder Richtlinien vorgibt (weshalb diese Therapieform auch „nicht-direktiv“ genannt wird).

Carl Rogers war der Ansicht, dass die therapeutische Beziehung als solche ausreicht, um Therapieerfolg zu erzielen, unabhängig von der Art der Probleme. Neuere (zielorientierte) Versionen der Gesprächstherapie gehen allerdings über die Umsetzung der „Basisvariablen“ hinaus. Sie steuern den Therapiekontakt aktiver und nutzen viele zusätzliche Explorations- und Gesprächstechniken (z. B. Konfrontieren, Explizieren, Fragen stellen, Fazit ziehen usw.). Auch greifen sie zu therapeutischen Aufgaben oder ziehen körperbezogene Verfahren ein (z. B. „Focusing“).

Die Gesprächspsychotherapie wird von manchen ebenso zu den „humanistischen“ Therapieformen gerechnet wie die nachfolgende Gestalttherapie oder erlebnis- und körperorientierte Verfahren. In diesen Richtungen wird auf das so genannte „persönliche Wachstum“ oder die Tendenz zur „Selbstaktualisierung und Selbstverwirklichung“ gebaut.

Wahrnehmen, Erleben und Körpererfahrungen im Hier und Jetzt

Gestalttherapie. Die Gestalttherapie ist eng mit dem Namen Fritz Perls verbunden. Durch ihr „Hier-und-Jetzt-Prinzip“ und ihre Konzentration auf das unmittelbare Erleben und Handeln in der aktuellen Situation tritt das therapeutische Gespräch bzw. das Nur-Sprechen in den Hintergrund. Wichtigste Zugänge zu sich selbst sind das körperliche Erleben (z. B. Wahrnehmungen, Empfindungen, Körperhaltungen) und die in bestimmten Situationen entstehenden Gefühle. Indem Personen ihre Wahrnehmung schärfen, erleben sie sich und ihre Welt bewusster und intensiver. Viele erlebnisaktivierende Methoden, „Gestaltexperimente“, Körperübungen und spielerisch-kreative Medien (Malen, Tanz etc.) kommen zum Einsatz, um Blockierungen im Erleben, Wahrnehmen und Handeln aufzulösen und die „kreativen Potentiale“ von Menschen zu entfalten.

Wechsel der Blickrichtung: Von der Einzelperson zum sozialen System

System- und Familientherapie. Eine zunehmend wichtige, für manche noch etwas ungewohnte Perspektive nehmen die so genannten System- und Familientherapien ein. Diese recht heterogene Gruppe konzentriert sich nämlich nicht auf Einzelpersonen, sondern auf den *sozialen Verbund*, in dem diese leben (z. B. das Partner- oder Familiensystem). Ihrer Logik entsprechend entstehen Probleme durch die Art, wie die Mitglieder solcher Systeme miteinander umgehen und wie sie dort ihre subjektive „Wirklichkeit“ erzeugen. System- oder Familientherapeuten setzen daher bevorzugt an folgenden Punkten an:

- **Sie geben Hilfestellung beim Erkennen von wiederkehrenden Mustern und beim Verstehen der „inneren Logik“ des Systems (arbeiten z. B. stillschweigend geltende *Familienregeln* heraus**

wie „Harmonie ist bei uns das Allerwichtigste" oder „Männer haben das letzte Wort bei wichtigen Entscheidungen").

- **Sie helfen beim besseren Nutzen brachliegender Stärken und *Ressourcen* (z.B. wie gut die Menschen des Systems schon mit vielen Schicksalsschlägen fertig geworden sind).**
- **Sie „verstören" unproduktive Interaktionsmuster des Systems (z.B. durch Einsicht/Erkennen der Familienregeln, durch „Verschreiben" von Aufgaben oder durch Umdeuten von Problemen, die ja vielleicht auch einen Schutz der Familie vor noch größerer Überforderung darstellen könnten).**
- **Ziel dieser „Verstörungen" ist, dass sich das System auf einem anderen/besseren Niveau des Zusammenlebens selbst organisiert.**

Viele Systemtherapeuten bieten absichtlich nur wenige Sitzungen an oder lassen lange Abstände zwischen den Terminen.

Therapie kann auch in Gruppen stattfinden

Ein weiterer Einteilungsgesichtspunkt ist noch, ob die Therapie einzeln oder in einer Gruppe stattfindet. Fast alle der oben erwähnten Richtungen bieten neben Einzeltherapie auch Gruppen an. *Vorteile* von Gruppen sind – neben der Ökonomie – die Möglichkeit des Austauschs, der gegenseitigen Rückmeldung und der Hilfestellung untereinander sowie die Erfahrung, dass es anderen Personen im Leben ähnlich geht. Natürlich kann in Gruppen nicht so individuell vorgegangen werden wie bei einer Einzelsitzung.

Viele weitere Therapieverfahren wären hier noch zu nennen (wie z.B. die *Hypnotherapie* in der Tradition von Milton Erickson, unterschiedlichste Ansätze von *Körpertherapien*, *Psychodrama*, *Transaktionsanalyse* oder die *Logotherapie* nach Viktor Frankl und vieles mehr). Angesichts der vielen unterschiedlichen Richtungen ist eine Kurzdarstellung hier nicht möglich, so dass wir interessierte Leser auf die Überblicksliteratur im Anhang verweisen möchten.

Zu Verfahren aus der „therapeutischen Grauzone" bis hin zu dubiosen Richtungen werden wir uns im nächsten Abschnitt äußern. Außerdem gehen wir in Kap. 4 noch näher darauf ein, welche Psychotherapieformen derzeit von den Krankenkassen bezahlt werden.

Sind „alternative Therapien" eine Alternative?

Der „Psycho-Boom" wächst

Viele Menschen versprechen sich Hilfe von so genannten *„alternativen Therapieformen"*, die oft eine bunte Mischung aus östlichen philosophischen Heilslehren, Methoden der „Bewusstseinserweiterung", Selbsterfahrung und esoterischen Verfahren darstellen. Allein die Tatsache, dass international mittlerweile über 600 verschiedene Richtungen mit therapeutischen Ansprüchen auftreten, macht deutlich, welchen Boom der „Wachstumsmarkt Therapie" ausgelöst hat. Dabei sind die Grenzen von Verfahren, die an der Schwelle ihrer offiziellen Anerkennung als „Psychotherapie" stehen, über Selbstverwirklichungs- oder „Wellness"-Methoden zur Grauzone „interessanter", aber wirkungsloser Pseudo-Therapien bis hin zu dubiosen Praktiken ausgesprochen fließend.

Susanne Seiler hat in einem Buch mit dem Titel „Die richtige Therapie finden: Ganzheitliche Methoden für Körper, Geist und Seele im Überblick" (Reinbek: Rowohlt, 1998) viele alternative Richtungen beschrieben: Von Akupressur über Alexander-Technik, Aroma- und Atemtherapie, Ayurveda, Bach-Blüten, biodynamische und bioenergetische Therapie, Enneagramm, Farbtherapie, Hakomi, Kinesiologie, Psycho-Astrologie, Psychosynthese, Rebirthing, Reflexzonenmassage, reichianische Körperarbeit, Reiki, Rolfing, transpersonale Psychologie bis zu Yoga reicht die alphabetische Beispielpalette der dort dargestellten Verfahren.

Vorsicht bei vollmundigen Heilungsversprechen

Da diese Verfahren von vielen Personen durchaus mit subjektivem Gewinn praktiziert werden und z. B. der Verbesserung von Selbstwahrnehmung oder Körpererfahrung dienen können, beginnen die Probleme dort, wo sie – mit einem generellen Heilungsversprechen – bei schweren psychischen „Störungen" zur Anwendung kommen. Denn auch wenn die genannte Autorin in ihrer Einleitung ausdrücklich darauf hinweist, dass diese Methoden *nicht zur Behandlung ernster psychischer Krankheiten geeignet* sind, zeigt sich nach unseren Erfahrungen, dass diese und andere Ansätze von Patienten oft als „Strohhalm der Hoffnung" aufgegriffen werden. Aber „mündige Patienten" sollten wissen und überlegen, worauf sie sich einlassen und wofür sie möglicherweise sehr viel Zeit und Geld investieren. Dabei gibt es mehrere Aspekte zu bedenken:

- **Bei *psychischen Störungen* fehlen objektive Wirkungen: Die meisten obigen Verfahren konnten bislang nicht nachweisen, dass sie tatsächlich im breiten Stil etwas *zur Besserung psychischer Krankheiten* taugen. Heilungsversprechen und Wirklichkeit klaffen weit auseinander, und vieles hilft daher mehr den Anbietern als den Nutzern.**
- **Die Erfolgskontrolle beruht meist nur auf subjektiven Erfahrungsberichten. Eine systematische Untersuchung von Wirkungen ist weder vorgesehen noch „erlaubt"; objektive Daten fehlen.**
- **Viele „alternative" Richtungen sind Modetherapien und schnellen Strömungen unterworfen: In ein paar Monaten/Jahren sind sie wieder „out" und von neuen „In"-Richtungen abgelöst.**
- **Ansätze, die der Freizeitgestaltung oder Selbsterfahrung dienen, Urlaubscharakter tragen oder der „Wellness" dienen, sind deswegen nicht zu kritisieren. Sie können allerdings nicht über die Krankenkasse finanziert werden.**
- **Dasselbe gilt für Methoden, die sich als philosophische, spirituelle oder religiöse Lebenshilfe verstehen oder Sinnsuche/Sinnfindung versprechen.**

Falls jemand wirklich an psychischen Problemen leidet, raten wir zu einer eher vorsichtigen Grundhaltung. Vor allem möchten wir nur solche Methoden als „*Psychotherapie*" bezeichnen, deren Wirksamkeit bei bestimmten psychischen Störungen bereits *nachgewiesen* ist. Wenn jemand halbwegs gesund ist, keine Psychotherapie benötigt, aber an Selbsterfahrung, Sinnfindung, Persönlichkeitsentwicklung, spirituellen Erfahrungen, Wellness, persönlichem Wachstum, psychologischer Freizeitgestaltung, Urlaub vom Alltag oder der Suche nach außergewöhnlichen Erlebnissen interessiert ist, sind solche Alternativverfahren evtl. überlegenswert. In der Regel wird man sich aber darauf einstellen müssen, die Kosten dafür selbst zu zahlen.

Dubiose Verfahren und Psycho-Sekten: Aufklärung hilft

Ein anderes Problem in diesem Zusammenhang liegt in der Gefahr, dass sich Psycho-Sekten unter dem Deckmäntelchen „alternativ-ganzheitlicher" Vorgehensweisen um die „Seelen" von Patienten bemühen – und dies in durchaus doppeldeutigem Sinn. Die im Anhang genannten Bücher können daher Informationen liefern, die verhindern, in den Sog zweifelhafter oder pseudopsychotherapeutischer Heilslehren zu geraten.

Unser eigener Standpunkt lautet dazu wie folgt: Wir möchten niemandem „alternative Therapien" ausreden, würden solche Ansätze aber *nicht* anraten, wenn es um die Behandlung ernster psychischer Probleme, d. h. um eine *Psychotherapie* geht. Gerade in Krisenzeiten empfehlen wir auch, bei der Suche nach der „richtigen" Anlaufstelle eine Person des Vertrauens mit einzubeziehen. Dazu haben wir in Kap. 4 („Wenn es soweit ist…") noch eine Reihe von Fragen formuliert, mit deren Hilfe „alternative" Angebote auf Nutzen und Risiken abzuklopfen sind.

Was haben viele Psychotherapien gemeinsam?

So unterschiedlich manche Therapierichtungen auch sein mögen – auf einer übergeordneten Ebene lassen sich trotzdem einige Übereinstimmungen finden[3]. Beispielsweise gibt es folgende *gemeinsame Grundelemente* (die wohl bei „Heilern" aller Kulturen anzutreffen sind):

Gemeinsame Elemente in allen Therapien

- Eine intensive, offene und vertrauensvolle *Beziehung*,
- Vermitteln von *Orientierung* (z. B. durch Benennen = Diagnose der Störung sowie durch plausible Erklärung der Ursachen und Behandlungsweisen),
- *Sinnfindung* (mittels einer einleuchtenden Theorie oder auch mittels eines Mythos, der die Lebenssituation „begreifbar" macht),
- das Wecken von *Hoffnung*, dass die Therapie helfen wird bzw. dass durch sie Veränderungen/ Besserungen möglich sind.

Ziel ist letztlich bei allen, Einstellungen und Verhaltensweisen so zu verändern, dass sich Patienten wieder besser fühlen. „Gute"

[3] Siehe dazu besonders das Buch von Frank, J. D. (1997). Die Heiler. Stuttgart: Klett-Cotta.

Therapie als Weg zu neuem Denken, Fühlen und Handeln

Therapeuten geben Patienten daher Mut, neue Wege des Denkens und Handelns zu entdecken, sich auf andere Erfahrungen als bisher einzulassen und bessere Bewältigungsmöglichkeiten zu entwickeln. Als Folge davon kommt es während der Therapie dann zur Reduktion von Symptomen und körperlichem Unbehagen, zu mehr Selbsterkenntnis oder Einsicht und zur Korrektur bisheriger Erfahrungen. Selbst wenn die Bedeutung und der Einsatz bestimmter *Techniken* bei den einzelnen Therapieschulen noch variiert, gibt es auch dort mittlerweile viele Überlappungen.

Erfolgsfaktoren: Was wirkt bei Psychotherapie?

Neben dem, was viele Therapien „nach außen hin" gemeinsam haben, interessiert vor allem das, was ihnen – sozusagen „innerlich" – zum Erfolg verhilft. Einer der bedeutsamsten deutschsprachigen Therapieforscher, Klaus Grawe, hat in seinen umfangreichen Studien nach hauptsächlichen *Wirkfaktoren* von Therapie gesucht. Dabei zeigte sich, dass Therapieerfolg in erster Linie durch 4 übergeordnete Vorgehensweisen zustande kommt[4], welche in den herkömmlichen Richtungen allerdings noch mit unterschiedlicher Betonung verfolgt werden. Nimmt man die positive Therapeut-Patient-Beziehung als „unbezweifelte Grundvoraussetzung" dazu, so sind es folgende 5 Einflussgrößen, die zum Gelingen einer Therapie beitragen:

Die Hauptwirkfaktoren effektiver Therapien

(1) Therapeutische Beziehung (als grundlegendes Fundament),
(2) Probleme erfahrbar machen (als Vorstufe für ihre Verarbeitung),
(3) aktive Problembewältigung,
(4) Fördern von Einsicht und Selbsterkenntnis,
(5) Aktivieren von Stärken und „Ressourcen" (innerhalb und außerhalb der Person).

[4] Die Wirkfaktoren 2 bis 5 wurden besonders von Klaus Grawe in seinen umfangreichen Forschungsarbeiten herausgearbeitet (vgl. Grawe, Bernauer & Donati, 1994). Die therapeutische Beziehung gilt schulenübergreifend als wichtige Basis jeder Therapie.

Therapeutische Beziehung

Die *therapeutische Beziehung* stellt für jede Therapie die notwendige (allerdings nicht schon alleine ausreichende) Grundvoraussetzung dar. Eine offene, vertrauensvolle Atmosphäre, Verständnis und emotionale Geborgenheit sind dabei genauso bedeutsam wie eine fachkundige Strukturierung des Gesprächsverlaufs und angemessene Unterstützung durch den Therapeuten.

Martina B. erzählte uns am Ende ihrer Therapie, wie wichtig es für sie war, selbst mit noch so starken Gefühlen und manch komplizierten Lebenseinstellungen immer auf Verständnis und Rückhalt ihrer Therapeutin zu stoßen. „Ich wusste, da ist jemand, die mich versteht, und die meine schlimmen Probleme auch aushält! Sie half mir zu erkennen, dass wir unser Denken und Handeln immer ein klein wenig verbessern können, auch wenn wir dadurch niemals perfekt werden. Ich merkte auch bald, dass ihre Fragen und Anregungen mich auf andere Gedanken brachten, und es tat gut, mit viel Geduld bei ersten neuen Schritten begleitet zu werden!"

Problemaktualisierung

Meist genügt es nicht, über Schwierigkeiten nur zu reden. Das Problem muss aktuell erfahrbar, d. h. in der Therapie „lebendig" werden, damit eine andere/bessere Verarbeitung überhaupt möglich wird. Dieser Wirkfaktor wird *Problemaktualisierung* genannt und drückt das aus, was man umgangssprachlich mit dem Motto „Ran an den Speck!" bezeichnet. Therapeuten helfen den Patienten deshalb, sich erlebnismäßig mit allen Sinneskanälen an ihre Problemsituationen heranzuwagen. Oft läuft dies in der Vorstellung/Phantasie ab, oft in einer Art Simulation („Wir tun jetzt so, als ob …"), oft aber auch in der tatsächlichen Realität. Dies hilft, um die bisherigen Auslöser, Abläufe und Konsequenzen besser zu klären und *danach anders* als bisher zu reagieren. Mit entsprechender Begleitung/Hilfestellung durch den Therapeuten lernen Personen *in der echten Problemsituation* neue Umgangsmöglichkeiten – mit dem Effekt, dass sich die bisher negativen Gefühle allmählich in neutrale oder positive wandeln:

Janine Z. hatte sich jahrelang darüber geärgert, dass sie von ihren erwachsenen Kindern finanziell und zeitlich ausgenutzt wurde. In der Therapie wurde sie zunächst gebeten, sich in der Phantasie nochmals in die ein oder andere kritische Situation hinein zu versetzen. Dabei wurde Janine Z. deutlich, dass in ihr sofort ein schlechtes Gewissen entstand, wenn sie auch nur kurz daran dachte, ihren Kindern einen Wunsch abzuschlagen und „nein" zu sagen. Denn sie hatte in ihrem ganzen Leben immer nach der (anerzogenen) Devise gelebt: „Tu das, was die anderen von dir verlangen!"

Jetzt war sie allerdings fest entschlossen, aktiv an die Probleme heran zu gehen: So lernte sie im Selbstsicherheitstraining durch viele kleine praktische Übungen, unangemessene Forderungen anderer abzulehnen. Nach einer selbstkritischen Prüfung und Neubewertung bisheriger Lebensüberzeugungen (z. B. „Eigene Wünsche braucht man nicht!" oder „Eine gute Mutter muss immer nett zu ihren Kindern sein und ihnen bis ans Lebensende jeden Wunsch erfüllen!") erlaubte sie sich durch die Therapie allmählich die Haltung: „Ich darf meine *eigenen* Bedürfnisse ernst nehmen und werde dies ab jetzt auch tun!" Natürlich war das schlechte Gewissen noch eine Zeitlang ihr Wegbegleiter, es nahm jedoch mit der gleichen Intensität ab, mit der es Frau Z. gelang, den neuen Stil immer öfter in die Tat umzusetzen.

Aktive Problembewältigung

Eine gute Therapie bleibt somit nicht beim Wiedererleben von Problemen oder beim Aufwühlen alter Gefühle stehen. Vielmehr kommt es auf die *aktive Problembewältigung* an. Gerade Verhaltenstherapeuten vermitteln ihren Patienten viele Strategien und Techniken, wie man mit Problemen *besser umgehen* kann und Konflikte *auf neue Weise regeln/lösen* lernt. Denn „besser" wird es meist nur dann, wenn es gelingt, im Laufe der Therapie manches „anders" zu machen.

Ein solches Problemlösen funktioniert am besten in systematischen kleinen Schritten: Zunächst wird der Ausgangszustand mit seinen Bedingungen geklärt und nach möglichen Alternativen (Zielen) gesucht. Denn erst eine klare Formulierung der Probleme, die ja immer eine Kluft zwischen IST und SOLL darstellen, ermöglicht neue Lösungen und Änderungsschritte. Deren Umsetzung erfolgt durch aktives, zielgerichtetes Handeln. Dabei achten Therapeut und Patient gemeinsam darauf, ob sie sich den vereinbarten Zielen tatsächlich annähern. Je nach den Ergebnissen der Bemühungen kann der Weg fortgesetzt bzw. geändert werden.

Diese Art des Vorgehens bildet auch den Kern *unserer* Arbeit und ist in unserem Kap. 6 ausführlich erläutert.

Fördern von Einsicht und Selbsterkenntnis

Viele Maßnahmen dienen dem *Fördern von Einsicht und Selbsterkenntnis*: Eine „gute" Therapie hilft beispielsweise auch dabei, sich die Entstehung und die Aufrechterhaltung der Probleme plausibel erklären zu können, Einsichten zu gewinnen, momentane und zukünftige Bedürfnisse besser zu erkennen oder auch im erfahrenen Leid „Sinn" zu finden. Dadurch werden viele Faktoren reduziert, die zu negativer Stimmung führen (wie z. B. Hilf- und Hoffnungslosigkeit, Demoralisierung und Resignation, Selbstkritik, Selbstzweifel und vieles mehr).

Manche Patienten entdecken beispielsweise, dass bestimmte belastende Erfahrungen in ihrer bisherigen Lebensgeschichte zur Entstehung ihrer Ängste beigetragen haben, dass sie für manche Verhaltensweisen „belohnt" oder „bestraft" wurden, oder dass ihr Onkel schon genauso war. Eventuell stellen sie fest, dass sie damals „gar nicht anders konnten" als ruhig zu sein und den Mund zu halten, weil ihre Eltern keinerlei Widerspruch duldeten. Andere Probleme haben möglicherweise eine lange Entstehungsgeschichte, bis sie überhaupt zum „Problem" wurden: So diente z. B. bei Franz K. der Alkohol viele Jahre lang als Mittel zur Entspannung, bis er immer mehr davon brauchte und schließlich ohne fremde Hilfe nicht mehr davon los kam.

Neben solchen Erkenntnissen aus der persönlichen *Vergangenheit* gibt es wichtige Klärungen in der *Gegenwart*, die uns helfen, Problembedingungen und Ziele besser zu erkennen.

So bemerkte Hanna E. erst durch systematisches Beobachten während der Anfangsphase ihrer Therapie, dass ihre Ängste nur in bestimmten Situationen auftraten, in denen sie mit (vermeintlichen) Autoritätspersonen zu tun hatte. Gleichzeitig wurden ihr durch die Therapie wichtige aktuelle persönliche Bedürfnisse besser bewusst (z. B. mehr gesellige Kontakte zu anderen Menschen suchen). Petra A. entdeckte dagegen, dass manche ihrer Ziele zu hoch gesteckt sind (z. B. im Job niemals einen Fehler zu machen und allseits beliebt zu sein) oder dass sie bessere/andere Wege wählen sollte, um insgesamt zufriedener zu sein. Und Werner F. machte sich klar, dass es *heute* keinen vernünftigen Grund gab, sich weiter so zu verhalten wie früher im Elternhaus.

Andere Klärungen beziehen sich mehr auf die *Zukunft* (wenn Personen sich z.B. mit ihren *künftigen* Lebenszielen und -motiven beschäftigen, „neue Träume" träumen oder sich entscheiden, *ab heute* selbstsicheres Auftreten oder Entspannung *zu lernen*).

Aktivierung von Stärken und „Ressourcen"

Die *Aktivierung von Stärken und „Ressourcen"* lenkt den Blick von der negativen auf die positive Seite der Lebensmedaille. Statt nur über Probleme zu reden, hilft eine „gute" Therapie auch dabei, eigene Stärken, Talente, Fähigkeiten und Begabungen zu erkennen und besser nutzbar zu machen:

Wie viele Patienten war auch Peter M. fixiert auf seine Misserfolge, Probleme und schlechten Gefühle, als er in Therapie kam. Er hatte „Scheuklappen" aufgesetzt, so dass er viele seiner vorhandenen Stärken (z.B. Musik machen, mit Kindern umgehen, gärtnern) gar nicht mehr als solche registrierte. Kein Wunder, dass er erst „aufblühte", nachdem ihm seine Therapeutin dabei behilflich war, kleine und größere positive Dinge seines Lebens wieder zu erkennen und sogar noch auszubauen – *zusätzlich* zu vielen aktiven Schritten zur Problembewältigung.

Manche positive Unterstützung kommt nicht nur „aus der Person", sondern aus deren Umfeld: Wenn es möglich ist (und alle Betroffenen einverstanden sind), beziehen „gute" Therapeuten wichtige Personen aus dem Kreis der Familie, Verwandten und Bekannten mit ein. Dabei lautet die entscheidende Frage nicht: „Wer ist schuld an den Problemen?" sondern: „Wer kann und möchte aktiv etwas *zur Besserung beitragen*?"

Psychotherapie der Zukunft: Von den traditionellen „Therapieschulen" zur übergreifenden Perspektive?

Integration unter einem Dach, aber unterschiedliche Methoden für unterschiedliche Patienten

In der heutigen Psychotherapie gibt es einen deutlichen Trend hin zu einer *schulenübergreifenden Position*. Während sich früher manche Therapierichtungen (z.B. die tiefenpsychologisch-psychoanalytischen Therapien) hauptsächlich auf das Fördern von Einsicht konzentriert hatten, andere (wie z.B. die klassische Verhaltenstherapie) schwerpunktmäßig an der Lösung aktueller Probleme ansetzten, bemühen sich Forscher und Praktiker jetzt darum, alle oben beschriebenen gemeinsamen Wirkfaktoren zu integrieren. Manche sprechen auch von „allgemeiner Psychotherapie“ oder „psychologischer Psychotherapie“ bzw. von der Notwendigkeit, dass sich die bisherigen „therapeutischen Glaubensgemeinschaften“ zu einer Berufsgruppe entwickeln, deren Tun bezüglich Wirksamkeit überprüfbar ist („von der Konfession zur Profession“[5]). Althergebrachte Lehrmeinungen, Ideologien oder die vermeintlich unumstößlichen Aussagen von Gründerfiguren haben dann nur noch wenig Bedeutung. Auch ist nicht mehr entscheidend, in welcher Tradition sich bestimmte Konzepte oder Methoden ursprünglich entwickelt haben. Therapieschulen lernen voneinander, und ganz praktisch dreht sich alles um die Frage: *„Welche Vorgehensweisen helfen bei welchen Personen mit welchen Problemen heute am besten?“*

> **„Prüfet alles – das Gute behaltet!“**
> **Apostel Paulus**

Entscheidend bleibt die Wirksamkeit für bestimmte Zwecke

Es ist aber keineswegs egal, was Therapeuten tun, und es haben auch nicht alle Therapierichtungen unterschiedslos „gewonnen und einen Preis verdient“, wie es vor Jahren einmal – in Anlehnung an eine Passage aus Lewis Carrolls „Alice im Wunderland“ – geheißen hatte. Das bedeutsamste Kriterium ist und bleibt die *Effektivität der Maßnahmen für bestimmte Zwecke.* Denn Patienten haben einen Anspruch darauf, mit den bestmöglichen bekannten Mitteln behandelt zu werden.

Gesundheits- und Sozialpolitik legen zunehmend Wert darauf, die Bezahlung von Leistungen (z. B. über die Krankenkassen) von *Qualitätsnachweisen* bei einem vertretbaren Kosten-Nutzen-Verhältnis abhängig zu machen. Auch im Interesse des Patientenschutzes müssen die Anbieter mittlerweile Rechenschaft ablegen, dass ihr Vorgehen etwas bringt. Ein Offenlegen der Konzepte, Vorgehensweisen und Effekte (immer im Rahmen von Datenschutz und Schweigepflicht) sowie die Bereitschaft zur tatsächlichen Überprüfung behaupteter Erfolge sind deshalb angezeigt.

[5] Diese Formulierung haben Grawe und Mitarbeiter (1994) als Untertitel ihres Buches gewählt (s. Literaturverzeichnis)

Zwar steht die Forschung noch vor vielen offenen Fragen (und viele Konzepte und Vorgehensweisen, deren Wirksamkeit behauptet wird, sind noch gar nicht überprüft); objektive Betrachter gehen aber davon aus, dass bei einer schulenübergreifenden Therapie der Zukunft viele Elemente der modernen *Verhaltenstherapie* enthalten sein dürften, da sie eines der geforderten Merkmale bereits vorbildlich erfüllt: die Orientierung an der jeweils aktuellen Befundlage der Grundlagenforschung.

4
Brauche ich Psychotherapie? Und wenn ja – was dann?

Nichtstun, Jammern oder Klagen ist manchmal einfacher als Handeln.

Während Sie im vorigen Kapitel etwas Einblick in das allgemeine Feld der Psychotherapie nehmen konnten, haben Sie vielleicht schon überlegt: Wie stehe ich selbst dazu? Könnte auch ich – oder könnten andere Personen, die ich kenne – von einer Psychotherapie profitieren? In den folgenden Abschnitten möchten wir Sie einladen, intensiver darüber nachzudenken, ob eine Therapie für Sie sinnvoll und nützlich sein könnte (oder möglicherweise sogar dringend erforderlich wäre). Danach geben wir eine Reihe weiterer Informationen, die man vor einer Therapie noch wissen sollte, um das Kapitel mit Hinweisen zur konkreten Suche eines Therapeuten abzuschließen, wenn es soweit ist.

Sollte ich eine Therapie machen?

Ob Sie eine Psychotherapie benötigen, hängt natürlich davon ab, wie stark die Probleme ausgeprägt sind, wie sehr Sie (oder Personen aus Ihrer Umgebung) unter den Schwierigkeiten leiden oder wie nachhaltig bereits Ihr gesamter Lebensalltag in Mitleidenschaft gezogen ist. Und so sagen Sie sich vielleicht: Psychotherapie als Hilfsangebot bei psychischen Problemen – schön und gut, aber was sind eigentlich psychische Störungen?

Was sind „psychische Probleme" oder „Störungen"?

Psychische „Störungen" zeichnen sich durch hohe subjektive und objektive Belastungen aus, so dass wesentliche Alltagsverrichtungen, Tagesabläufe oder Beziehungen zu anderen Menschen beeinträchtigt sind – oft schon über längere Zeit.

Beispiele für „psychische Probleme" oder „Störungen"

Typische Beispiele sind Ängste, Depressionen, Zwänge, Essstörungen, Süchte, Schlafprobleme, Beziehungskonflikte in Partnerschaft/Familie, Sexualprobleme oder Schwierigkeiten am Arbeitsplatz. Andere Probleme sind zunächst noch unspezifisch wie z. B. Unzufriedenheit mit sich und dem Alltag, mangelnde Zukunftsziele oder fehlender „Sinn des Lebens". Auch chronische Krankheiten, Herzbeschwerden, Verdauungsprobleme, Kopf- oder Rückenschmerzen können mit psychischen Faktoren in Zusammenhang stehen. Bei Asthma, Allergien, Hauterkrankungen, Bluthochdruck, Diabetes und anderen (auf den ersten Blick rein *körperlichen*) Krankheiten gibt es ebenfalls enge Wechselwirkungen mit „Stress" und psychischen Einflüssen.

Unverarbeitete Erlebnisse oder traumatische Erfahrungen (Gewalt, Krieg, Unfall) belasten Personen oft noch lange nach dem ursprünglichen Ereignis. Chronische Probleme und Konflikte führen zu Hilflosigkeit, Ohnmacht und Hoffnungslosigkeit bis hin zu Selbstmordabsichten.

Stationäre Behandlung bei schweren Störungen

Des Weiteren bringen neuropsychologische Beeinträchtigungen (z. B. Verletzungen oder Erkrankungen des Gehirns, Epilepsie, multiple Sklerose, Alzheimer oder Parkinson) gravierende psychische Probleme mit sich. Und schließlich ist hier noch der Formenkreis schwerer *psychiatrischer* Störungen zu nennen, die intensivere medikamentöse oder stationäre Behandlungen erforderlich machen (z. B. Formen von Psychosen oder Schizophrenien, bei denen z. B. Wahnvorstellungen, Halluzinationen oder bizarre Denk-, Sprech- und Verhaltensmuster auffallen).

Da einerseits die Übergänge von „gesund" nach „krank" fließend sind, und es andererseits viele Leute im Alltag schaffen, ohne professionelle Hilfe mit Schwierigkeiten fertig zu werden, gibt es leider keine objektive „Messlatte", an der die Notwendigkeit einer Behandlung eindeutig abzulesen wäre. Seit Sigmund Freud ist man sich quer durch alle therapeutischen Schulrichtungen aber einig, dass *Störungen der Arbeits-, Liebes- oder Entspannungsfähigkeit* zu den Alarmzeichen für psychische Probleme gehören. Ziel einer Therapie ist dann u. a. die (Wieder-)Herstellung dieser Fähigkeiten oder zumindest eine Linderung der Beschwerden.

Wann sollte ich in Therapie gehen?

Auch ohne letztgültigen Maßstab für den Schweregrad seelischer Probleme können wir bestimmte *Anzeichen* als Entscheidungshilfe nutzen. Diese sollten Anlass dazu geben, über die Notwendigkeit einer Therapie zumindest nachzudenken. In der nachfolgenden Übersicht haben wir viele Gesichtspunkte zu einer Art subjektiven Checkliste zusammengefasst.

Checkliste zur Selbstbeurteilung

Sollte ich in Therapie gehen?

- ❑ Mein Handlungsspielraum im Alltag ist durch Ängste, Belastungen und Sorgen stark eingeschränkt; viele Dinge kann ich nicht mehr tun; selbst für einfache Angelegenheiten brauche ich ein Übermaß an Zeit, Kraft und Energie.
- ❑ Die Schwierigkeiten dauern schon einen relativ langen Zeitraum an und werden nicht besser.
- ❑ Bisherige Lösungsversuche sind gescheitert, ich schaffe es nicht mehr allein.
- ❑ Immer häufiger fühle ich mich depressiv, leer und antriebslos.
- ❑ Körperliche Beschwerden, Krankheiten, Schmerzen oder andere Beeinträchtigungen häufen sich, dauern lange oder werden langsam chronisch.
- ❑ Mein Arzt oder andere behandelnde Personen haben mir den dringenden Rat zu einer psychotherapeutischen Behandlung gegeben.

- ❑ Meine Probleme fallen auch den Menschen in meiner unmittelbaren Umgebung immer stärker auf (z. B. meinem Partner, Familienangehörigen, Bekannten, Kollegen).
- ❑ Zwischenmenschliche Konflikte häufen sich, persönliche Beziehungen sind belastet oder drohen wegen der Probleme in die Brüche zu gehen.
- ❑ Die eigene Leistungsfähigkeit/Konzentration im Arbeitsleben hat nachgelassen; Fehlzeiten und Kranktage häufen sich.
- ❑ Der Druck von außen nimmt zu: Mein Arbeitgeber droht mit Kündigung; Institutionen oder Behörden erwägen Zwangsmaßnahmen, falls es so weiter geht.
- ❑ Ich stecke in massiven Entscheidungskonflikten und weiß nicht, was ich tun soll.
- ❑ Alkohol, Drogen oder andere Mittel machen mir mehr zu schaffen als ich bisher zugeben will.
- ❑ Ich vermeide Kontakte und ziehe mich von anderen Menschen zurück; ich fühle mich einsam und isoliert.
- ❑ Das Leben scheint wenig Sinn oder Zweck mehr zu haben, und ich habe wenig Hoffnung auf Besserung.
- ❑ Ich befürchte, dass ich mir selbst oder anderen etwas antue, wenn sich nichts ändert.
- ❑ Ich muss bestimmte Tätigkeiten zwanghaft wiederholen (z. B. zählen, waschen, reinigen, ordnen, kontrollieren).
- ❑ Ich leide an körperlichen Beschwerden, aber die Ärzte können keine organische Ursache finden.
- ❑ Ich bin immer häufiger grundlos müde/abgespannt und fühle mich wie „gerädert“.
- ❑ Schlafprobleme oder Albträume machen mir sehr zu schaffen.
- ❑ Häufig spüre ich Nervosität, Unruhe, Ärger, Reizbarkeit oder Spannung in mir.
- ❑ Mit wichtigen Lebensbereichen bin ich unzufrieden; „Wohlbefinden“ kenne ich kaum mehr.

Bitte überprüfen Sie ehrlich und selbstkritisch, ob bestimmte Punkte auf Sie zutreffen. In Therapie sollten Sie sich begeben, wenn die angesprochenen Probleme bereits eine gewisse Dauer, Schwere und Belastung (für Sie selbst und/oder andere Personen) erreicht haben. Zögern sollten Sie erst recht nicht mehr, wenn Sie mit Ihren eigenen Bewältigungsmöglichkeiten an Grenzen gestoßen sind oder wenn kurz- oder langfristig ernsthafte negative Konsequenzen drohen, falls Sie auf eine Behandlung verzichten würden.

Wann könnte eine Therapie noch hilfreich sein?

Andere Gründe für die Inanspruchnahme einer Psychotherapie haben weniger mit einem unmittelbaren Problem- oder Leidensdruck zu tun, sondern beziehen sich eher auf *positive Möglichkeiten* und *Unterstützungsfunktionen:*

- So ist selbst bei körperlichen Krankheiten, Behinderungen oder Rehabilitationsmaßnahmen eine psychotherapeutische Unterstützung hilfreich; Beispiele hierfür sind Diabetes, Situationen nach Herzinfarkt, Schlaganfall, Operationen, Amputationen oder Krebserkrankungen. Ziel ist dann die Beschleunigung/Verbesserung von Heilungsprozessen oder der bessere Umgang mit der Krankheit/Behinderung im Alltag.
- Viele Personen interessieren sich auch deswegen für Psychotherapie, weil sie – vorausschauend und als Vorbeugung – Hilfe für *künftig* zu erwartende Schwierigkeiten möchten: Der Student, der sich schon im ersten Semester vor seinen Abschlussprüfungen in 5 Jahren fürchtet, die Mutter, die sich auf die Zeit vorbereiten möchte, wenn ihre 3 Kinder einmal erwachsen sind und aus dem Haus gehen, das Paar, das vor seiner Hochzeit noch einen Kurs zur positiven Partnerschaftsgestaltung besucht oder ältere Arbeitnehmer, die sich auf ihr baldiges Rentnerdasein vorbereiten wollen, sind Beispiele dafür.
- Andere Hilfsangebote zielen auf eine Erweiterung der eigenen Möglichkeiten („Potenziale“) im Leben ab und stellen eine Art „Persönlichkeits- oder Entwicklungsförderung“ dar. Dazu ist nicht erforderlich, dass bereits gravierende psychische oder körperliche Symptome vorhanden sind.

Franz B., der im Leben insgesamt eigentlich ganz gut zurecht kam, war der Meinung, dass es für ihn hilfreich sein könnte, durch eine Therapie noch ein bisschen kontakt- und kommunikationsfreudiger zu werden. Auch hatte er den Eindruck, seine Fertigkeiten und Interessen noch längst nicht ausgeschöpft zu haben. Weil er außerdem neugierig darauf war, seine bisherige Entwicklung als Person besser zu verstehen, nutzte er die Therapie zunächst als Klärungshilfe für wichtige Prägungen im Verlauf der eigenen Lebensgeschichte. Danach half ihm das Sondieren *aktueller* eigener Bedürfnisse, Ziele und Wertvorstellungen dabei, sein Leben noch bewusster nach eigenen Maßstäben zu gestalten und seine Talente noch besser zur Geltung zu bringen.

Das Beispiel verdeutlicht, dass die *Möglichkeiten* von Psychotherapie weit über die Behandlung psychischer „Störungen" hinausgehen; neben Angeboten, die der Vorbeugung (Prävention) dienen, sind hier die Grenzen zu „Selbsterfahrung" oder „Sinnfindung" sehr fließend. Allerdings möchten wir hier schon darauf hinweisen, dass in solchen Fällen – sofern keine „Störung von Krankheitswert" diagnostiziert werden kann – keine Finanzierung über die Krankenkasse möglich ist (s. Abschn. „Was kostet eine Psychotherapie?").

Ist eine Therapie das beste Angebot für mich – oder: An wen kann ich mich sonst noch wenden?

Auch andere Berufsgruppen können helfen

Natürlich ist Psychotherapie nicht immer die richtige Alternative. Viele Fragestellungen im Leben stellen „normale" Alltagsprobleme dar, die nicht unbedingt eine Therapie erfordern. Für bestimmte Zwecke und Anliegen sind viele andere Vorgehensweisen und Berufsgruppen sogar besser geeignet. Nachfolgend einige Beispiele.

- So ist bei organmedizinischen Fragen oder einer Klinikeinweisung natürlich ein Arzt zuständig. Neben dem ***Hausarzt*** gibt es die ***Fachärzte*** mit unterschiedlichsten „Gebietsbezeichnungen". Bei psychosomatischen oder körperlichen Erkrankungen müssen immer vor Beginn einer Psychotherapie mögliche organische Ursachen abgeklärt werden. Auch Atteste/Bescheinigungen oder medizinische Gutachten für die Verwendung in sozialrechtlichen Angelegenheiten (Krankschreibung, Berufsunfähigkeit, Rente usw.) können nur von Ärzten – zum Teil von speziell autorisierten Vertrauensärzten – ausgestellt werden.

- Für religiöse Fragen sind natürlich *Pfarrer*, für juristische Angelegenheiten und Rechtsauskünfte *Rechtsanwälte* zuständig.
- Berufsberatung, Berufsförderung oder Umschulungs-/Weiterqualifizierungsmaßnahmen gehören in den Bereich des *Arbeitsamts*, während bei finanziellen Sorgen, Armut und zur existenziellen Grundsicherung das *Sozialamt* weiterhelfen kann.
- *Kursangebote* von Volkshochschulen oder anderen Trägern der Erwachsenenbildung (mit Lernprogrammen zu Themen wie z. B. Selbstsicherheit, autogenes Training, Yoga, Kommunikation usw.) können für bestimmte Zwecke gute Dienste leisten. Wenn sie nicht fälschlicherweise als *Ersatz* für eine notwendige Therapie hergenommen werden, lässt sich in deren Rahmen vieles kennen lernen und einüben, was den Alltag erleichtert. Als Nebeneffekt ergeben sich oft auch neue Sozialkontakte und eine positive „Freizeitgestaltung".
- *Freunde/Bekannte* oder die *Familie* (also das so genannte „soziale Netzwerk" des Alltags) können wichtigen Rückhalt und Unterstützung bei Alltagssorgen bieten.
- Ähnlich hilfreich sind für manche bestimmte Formen von *Selbsthilfegruppen*. Sie haben den Vorteil, alltagsnahe praktische Hilfe und emotionalen Rückhalt zu bieten sowie die eigenen Perspektiven wieder zu erweitern. Ihr „Risiko" liegt allerdings darin, dass die Betroffenen selbst nicht unbeteiligt sein können (d. h. in ihrem Engagement „befangen" sind), dass die Qualität von Selbsthilfegruppen sehr unterschiedlich ist (so dass manche entgegen ihrer Absicht zu einer Stabilisierung/Chronifizierung der Probleme beitragen) oder dass eine notwendige professionelle Therapie unterbleibt.
- Spezielle *Beratungsstellen* helfen bei den jeweils in ihrem Namen enthaltenen Themenbereichen (z. B. Erziehungs-, Ehe-, Lebens-, Partnerschafts- oder Schuldnerberatung oder die schulpsychologischen Dienste).

- **In fast allen größeren Städten gibt es mittlerweile irgendeine Form von *Krisendiensten*, an die man sich in akuten Notfällen wenden kann. Nicht nur bei Krisen, sondern für allgemeine Probleme von Menschen mit psychischen Schwierigkeiten sind die *sozialpsychiatrischen Dienste* zuständig. In manchen Regionen kann der *Allgemeine Soziale Dienst* (ASD) von Stadt oder Landkreis solche Aufgaben übernehmen.**
- **Abschließend möchten wir noch erwähnen, dass es Situationen gibt, in denen möglicherweise die *Polizei* die angemessenste Hilfsadresse ist (bei Gewalt, Straftaten, Misshandlung etc.).**

Für die meisten der genannten Angebote hilft ein Blick ins Telefonbuch, in die „Gelben Seiten" oder in die lokale Tageszeitung. Manche Städte und Gemeinden haben auch spezielle Broschüren aufgelegt (z. B. Sozialatlas, Stadtwegweiser etc.) oder geben in „Bürgerbüros" oder an „Bürgertelefonen" Auskunft.

Insgesamt kann es wichtig sein, die richtigen nichtpsychotherapeutischen Angebote für sich zu nutzen – *nicht als Ersatz* für Psychotherapie oder als falsche Alternative, sondern zur Informationsvermittlung und Unterstützung; in vielen Fällen können sie eine notwendige Psychotherapie um wichtige Gesichtspunkte ergänzen. Dann ist eine *gut koordinierte Zusammenarbeit* sinnvoll.

Was ich vor einer Therapie noch wissen sollte

Psychologe – Psychiater – Psychotherapeut: Wer ist wer?

Da die unterschiedlichen Ausbildungsgänge und Berufsbezeichnungen nicht nur bei Laien manche Verwirrung stiften, möchten wir kurz auf das „Wer ist eigentlich wer?" und die Hintergründe der einzelnen Ausbildungen eingehen[1].

---

[1] In diesen Textpassagen konnten wir uns dankenswerterweise an Berufsbeschreibungen anlehnen, die der Berufsverband Deutscher Psychologinnen und Psychologen (BDP) in einem Faltblatt bzw. im Internet zum Download veröffentlicht hat (www.bdp-verband.org/html/service/publ/wegweiser.zip).

Psychologe

Ein Psychologe hat Psychologie studiert und sein entsprechendes Abschlussdiplom an einer Universität erhalten. *Psychologie* ist die Lehre von den Gesetzmäßigkeiten des menschlichen Erlebens und Verhaltens. Dementsprechend kann ein Psychologe in vielen Tätigkeitsfeldern arbeiten (z.B. in der Beratung, Forschung, Wirtschaft oder Werbung). Die Mehrzahl der Psychologen begibt sich in den Bereich der so genannten *klinischen Psychologie:* Das ist jene Teildisziplin, die sich aus psychologischer Sicht mit der Erforschung, Diagnostik, Therapie und Prävention (Vorbeugung) von psychischen Problemen – aber auch mit psychischer *Gesundheit* – beschäftigt.

Psychologischer Psychotherapeut

Wenn ein Diplom-Psychologe die Qualifikation als „Psychologischer Psychotherapeut" und die entsprechende staatliche Anerkennung (= „Approbation") erwerben will, muss er nach Abschluss seines Psychologiestudiums noch eine mindestens 3–5-jährige offizielle *Zusatzausbildung* absolvieren. Dies ist die Voraussetzung, um in dem Bereich zu arbeiten, über den wir in diesem Buch schreiben.

Psychiater

Ein Psychiater ist immer Arzt. Er hat demzufolge Medizin studiert und eine entsprechende Facharztausbildung in *Psychiatrie* absolviert. Dies ist die medizinische Lehre von der Erforschung, Klassifikation, Diagnostik und Therapie psychischer Krankheiten des Menschen. Eine bedeutsame Behandlungsart dieser Berufsgruppe sind *Medikamente* (die ein Psychologe nicht verschreiben darf!). Um als Arzt eine fundierte *Psychotherapie* betreiben zu dürfen, ist eine Facharztausbildung in „Psychiatrie *und* Psychotherapie" oder „psychotherapeutische Medizin" erforderlich.

Psychotherapeut

Ein Psychotherapeut führt Psychotherapien durch: Wie angedeutet, muss er vom Grundberuf her *Psychologe* („Psychologischer Psychotherapeut") oder *Mediziner* sein („Facharzt für Psychiatrie und Psychotherapie" bzw. „Facharzt für Psychotherapeutische Medizin"). Nach Abschluss seines Studiums hat er eine mehrjährige spezielle Ausbildung zur Psychotherapie absolviert, die von staatlich anerkannten Ausbildungsinstituten, Universitäten und Universitätskliniken angeboten werden. Für eine Abrechnung mit den Krankenkassen ist darüber hinaus eine *Zulassung* notwendig, die an bestimmte weitere Kriterien gebunden ist (z.B. Fachkundenachweis in anerkannten Verfahren und örtlicher Versorgungsbedarf als Voraussetzung für eine Niederlassung).

Titelschutz

Die Berufsbezeichnung „Psychotherapeut" ist mit dem neuen Psychotherapeutengesetz in Deutschland seit 1.1.1999 gesetzlich geschützt. Nur noch ärztliche und psychologische Psychotherapeuten mit Approbation sind berechtigt, diesen Titel zu führen.

Welche Verfahren werden derzeit von den Krankenkassen bezahlt?

Die Psychotherapie-Richtlinien geben den Rahmen vor

In Einklang mit den aktuellen deutschen Psychotherapie-Richtlinien legen die gesetzlichen und privaten Krankenkassen recht strenge und konservative Maßstäbe an die von ihnen bezahlten Therapieverfahren an. So müssen u. a. folgende Voraussetzungen erfüllt sein [2]:

1. Leichtere „Befindlichkeitsstörungen" reichen nicht aus, um von der Krankenkasse eine Psychotherapie bezahlt zu bekommen. Es muss eine *„seelische Krankheit"* vorliegen, die mit der Therapie geheilt oder gebessert werden kann. Selbsterfahrung, Sinnfindung, Persönlichkeitsentwicklung, aber auch Berufs-, Erziehungs-, Ehe- oder Lebensberatung sind im Leistungskatalog der Krankenkassen daher *nicht* enthalten.
2. Es gilt das *Gebot der „Wirtschaftlichkeit" und der „Zweckmäßigkeit"*: Danach sollten solche Verfahren zum Einsatz kommen, die gewünschte Resultate mit möglichst sparsamen Mitteln erzielen können (z. B. mit weniger Stunden zu entsprechend geringeren Kosten). Außerdem müssen die geplanten Maßnahmen *tatsächlich* geeignet sein, die angestrebten Zwecke zu erfüllen, d. h. die jeweiligen Krankheitsbilder zu lindern, zu bessern oder zu heilen.
3. Aus diesen Gründen muss das jeweilige Therapieverfahren außerdem nach bestimmten Maßstäben (die wir hier nicht im Einzelnen ausführen wollen) *wissenschaftlich geprüft und anerkannt* sein.

---

[2] Psychotherapie-Richtlinien in der Neufassung vom 23. 10. 1998, abgedruckt in: Berufsverband Deutscher Psychologinnen und Psychologen e. V. (Hrsg.). (1998). Das Psychotherapeutengesetz. Informationen zu Approbation und Kassenzulassung (S. 100 ff). Bonn: Deutscher Psychologen Verlag

Anerkannte und von den Krankenkassen bezahlte Therapierichtungen

Auch wenn Kritiker davon ausgehen, dass bei den momentan zugelassenen Verfahren die *aktuelle* Lage der Therapieforschung noch nicht gebührend berücksichtigt wurde, muss als Tatsache festgehalten werden:

Zur Zeit (Stand Anfang 2001) werden im deutschen Gesundheitssystem nur folgende Therapierichtungen anerkannt und von den Kassen bezahlt:

1. ***Psychoanalytisch begründete Verfahren*** **(„analytische Psychotherapie" sowie „tiefenpsychologisch fundierte Psychotherapie"), und**
2. ***Verhaltenstherapie.***

Was kostet eine Therapie?

Die 3 Möglichkeiten der Bezahlung

In Abhängigkeit von der Art Ihrer Krankenversicherung gibt es in Deutschland für Sie z. Z. 3 Finanzierungsmöglichkeiten:

1) *Gesetzliche Krankenversicherung (Regional- und Ersatzkassen):* Hier wird beim Vorliegen einer „Störung von Krankheitswert" eine Psychotherapie bezahlt. Patienten können direkt einen anerkannten und zugelassenen psychologischen oder ärztlichen Psychotherapeuten ihrer Wahl aufsuchen. Sie müssen einmal im Quartal die Chipkarte ihrer Krankenkasse vorlegen; die Abrechnung geschieht dann – wie bei anderen Krankheiten/Arztbesuchen üblich – direkt mit der Kasse; sie selbst haben keine Zahlungen zu leisten oder Rechnungen zu erwarten.

   In bis zu 5 Probesitzungen wird die Notwendigkeit einer Therapie festgestellt und außerdem eine ärztliche Abklärung (mit so genanntem „Konsiliarbericht") veranlasst. Seit 1. 1. 2000 ist jede Therapie „genehmigungs- und gutachterpflichtig". Das heißt einerseits, dass Sie mit Hilfe eines Formblatts, das Sie vom Therapeuten erhalten, einen Antrag auf Psychotherapie bei Ihrer Krankenkasse stellen. Andererseits muss der Therapeut – mit Hilfe Ihrer Informationen aus den ersten Sitzungen – einen anonymisierten Bericht an einen Gutachter erstellen. Nach Genehmigung durch die Kasse folgen dann die eigentlichen Therapiesitzungen, deren

Gesamtdauer aus der weiter unten folgenden Tabelle 1 ersichtlich wird.

2) *Private Krankenversicherungen/Beihilfe:* In der Regel werden auch hier die Kosten beim Vorliegen einer „Störung von Krankheitswert" übernommen. Es ist ratsam, vor Beginn der Therapie eine Zusage der Kostenübernahme einzuholen. Für Beihilfefälle ist dabei immer ein schriftlicher Therapieantrag erforderlich, der – anonymisiert – von Sachverständigen begutachtet wird. Da die genauen Zahlungsmodalitäten von Versicherung zu Versicherung sehr unterschiedlich ausfallen (und zudem von Ihrem Versicherungstarif abhängig sind), erkundigen Sie sich bitte unbedingt *vorher* bei Ihrer Privatkasse nach den für Sie geltenden Bestimmungen.

3) *Selbstzahler:* Für diese (relativ kleine Zahl von) Personen erübrigen sich Fragen wie „Habe ich eine Störung von Krankheitswert?" oder „Wird meine Kasse bezahlen?" ebenso wie zeitaufwendige Begutachtungen. Dadurch ist es auch möglich, die Therapie auf sonst nicht übernommene Leistungen wie Selbsterfahrung, Partnerberatung, Körpertherapie oder andere Ange-

Tabelle 1. Rahmenrichtlinien der Krankenkassen bezüglich Dauer einer Psychotherapie

	Gesetzliche Krankenversicherung			Privat / Beihilfe	Selbstzahler
	Psychoanalyse (PA)	Tiefenpsychologisch fundierte Psychotherapie (TP)	Verhaltenstherapie (VT)		
Probesitzungen	bis zu 8	bis zu 5	bis zu 5	bis zu 5	frei verhandelbar
Kurzzeit-Therapie	(nicht vorgesehen)	25	25	je nach Gesellschaft und Tarif unterschiedlich	
Normal	160	50	45		
Besonderer Fall	240	80	60		
Maximal	300	100	80		

bote auszudehnen. Allerdings hat eine selbstfinanzierte Therapie ihren Preis (der im Schnitt zwischen 120 und 200 DM pro Sitzung liegen wird, Stand 2001). Oft regelt sich dadurch der nachfolgende Punkt „von allein".

Wie lange dauert eine Therapie?

Die Zahl der Sitzungen orientiert sich an Ihren Fortschritten und den Vorgaben der Krankenkassen

Die banale Antwort auf diese Frage könnte lauten: Solange, bis es Ihnen wieder besser geht, oder bis man (im negativen Fall) feststellt, dass die Therapie erfolglos bleibt und deshalb beendet wird[3]. Bei kassenfinanzierten Therapien gibt es bezüglich Dauer eine gewisse Orientierung durch die üblicherweise zugestandenen Stundenkontingente. Die links unten abgebildete Tabelle 1 enthält die z. Z. gültigen Rahmenrichtlinien.

Bei einer Verhaltenstherapie sind im Durchschnitt dank der wirksamen Kurzzeitverfahren bereits mit ca. 20–30 Sitzungen deutliche Besserungen zu erzielen. Gehen wir von einer Sitzung pro Woche aus, so dauert eine solche Therapie etwa zwischen einem halben bis einem dreiviertel Jahr. Im Bedarfsfall sind Verlängerungen möglich (ebenso wie es bei beidseitiger Zufriedenheit mit den Fortschritten auch möglich wäre, bereits nach 10 oder 15 Sitzungen aufzuhören).

Exkurs

Die Situation in Österreich

Trotz mittlerweile 10-jährigen Bemühens um eine vertretbare Art der Finanzierung gibt es in Österreich nach wie vor (Stand Ende 2000) nur eine unbefriedigende „Zuschusslösung": Patienten wenden sich an einen vom Bundesministerium anerkannten Psychotherapeuten. Dieser stellt einen kurzen Antrag, in dem er Diagnose, Krankheitswert der Störung, Therapiemethode und Zahl der vorgesehenen Stunden angibt. Diese Anträge werden in der

[3] Dies kann auch bedeuten, dass Patienten mit den Resultaten unzufrieden sind, weil sie falsche oder zu hohe Erwartungen hatten oder von der Art der therapeutischen Beziehung enttäuscht sind.

Regel problemlos bewilligt, wobei die Krankenkassen allerdings nur einen kleinen Teil (300 öS pro Stunde) der tatsächlichen Kosten erstatten. Den Rest – bei durchschnittlichen Preisen von 800 bis 1200 öS pro Therapiesitzung – müssen die Patienten selbst bezahlen.

Die Situation in der Schweiz

Die obligatorische Krankenversicherung deckt nur Psychotherapien ab, die in Arztpraxen stattfinden. Diese können vom Arzt selbst (keine psychotherapeutische Weiterbildung erforderlich) oder von einer delegiert arbeitenden Hilfsperson (ohne festgelegte Qualifikationskriterien) durchgeführt werden – zu kantonal unterschiedlichen Tarifen (ca. SFr. 60 bis 100 pro Sitzung). Im Rahmen *freiwilliger* Zusatzversicherungen bezahlen Kassen eine Psychotherapie von selbständigen FachpsychologInnen für Psychotherapie (Dachverbände: Föderation der Schweizer Psychologinnen und Psychologen FSP sowie Schweizer Psychotherapeuten-Verband SPV). Beide Verbände haben auch einen Rahmenvertrag für Psychotherapie zu Lasten der obligatorischen Unfall-, Invaliden- und Militärversicherung mit SFr. 132 pro Sitzung. Eine ärztliche Anordnung von Psychotherapie ist obligatorisch. Das Bundesamt für Sozialversicherungen sowie das Konkordat der Schweizer Krankenversicherer führen Listen der anerkannten Behandler. Im frankophonen Teil der Schweiz sowie bei Ärzten dominieren tiefenpsychologische Methoden; kognitiv-verhaltenstherapeutische Ansätze sind – meist von Psychologen praktiziert – stark im Kommen, ebenso humanistische und systemische Verfahren. Eine volle Anerkennung der FachpsychologInnen für Psychotherapie im Rahmen der sozialen Krankenversicherung wird angestrebt.[4]

---

[4] Wir danken unserer Kollegin Dr. Christa Reinecker (Salzburg), unserem Kollegen Dr. Volker Roder (Bern) und dem Generalsekretär der Föderation Schweizer Psychologinnen und Psychologen (FSP), Felix Schneuwly, für die entsprechenden Informationen. Kontaktadressen finden Sie in diesem Buch im Anhang.

Wenn es soweit ist: Wie suche und finde ich „meinen" Therapeuten?

Worauf sollte ich achten, wenn ich einen seriösen Psychotherapeuten suche?

Ein guter Psychotherapeut wird Ihnen bei der ersten Kontaktaufnahme goldene Brücken bauen und Ihnen gern die notwendigen Informationen liefern, weil er Ihre Fragen als Zeichen von Interesse und mündiger Mitbeteiligung an Entscheidungen ansieht. Er steht auch in seinem gesamten professionellen Verhalten in Einklang mit den „Regeln seiner Zunft" und muss z. B. bereits die Tatsache Ihrer ersten (unverbindlichen) Anfrage streng vertraulich behandeln.

Charakteristika seriöser Therapeuten

Ein seriöser Psychotherapeut wird außerdem

- nur solche Berufsbezeichnungen, Titel und Diplome führen, zu denen er auch offiziell berechtigt ist (z. B. auf Praxisschildern, Visitenkarten oder Briefpapier bzw. im Branchenfernsprechbuch oder im Internet),
- bereitwillig und offen Fragen zu seiner Ausbildung, seiner Fachkompetenz und seinen beruflichen Qualifikationen beantworten,
- rechtzeitig über die Finanzierung der Therapie und Möglichkeiten/Abläufe der Kostenübernahme durch die Krankenkasse informieren,
- seine Diagnosen, Behandlungsvorschläge und -alternativen mit Ihnen besprechen und begründen,
- sich für eventuelle frühere Behandlungsversuche, Diagnosen und Befunde interessieren,
- Ihre Anliegen, Sorgen, Beschwerden und Befürchtungen ebenso ernst nehmen wie Ihre Hoffnungen, Ziele, Wünsche und Erwartungen,
- Sie über Abläufe, Möglichkeiten und Grenzen der von ihm angebotenen Therapie hinreichend informieren (sei es am Telefon, im persönlichen Gespräch oder im Rahmen zusätzlicher Informationsbroschüren).

Anerkannte Psychotherapeuten haben
- ein *Studium* der Psychologie oder Medizin abgeschlossen und
- *danach* eine *mehrjährige psychotherapeutische Ausbildung* absolviert.

Neben ihrem
- *Titel* als *Diplom-Psychologe* oder als *Dr. med.* (manchmal auch als *Dr. phil.*) haben sie eine
- *Approbation* als *Psychologischer Psychotherapeut* oder eine *Anerkennung* als *Facharzt für Psychiatrie und Psychotherapie* (evtl. auch als *Facharzt für Psychotherapeutische Medizin*).

Zur Abrechnung mit Krankenkassen ist darüber hinaus noch eine
- offizielle *Zulassung* nötig.

Fragen Sie die Therapeuten Ihrer engeren Wahl ruhig nach diesen Kriterien (oder orientieren Sie sich anhand der Angaben auf Praxisschildern, Visitenkarten oder im Branchenfernsprechbuch; denn ein unberechtigtes Führen von Titeln oder Berufsbezeichnungen ist strafbar).

Wann sollte ich vorsichtig sein?

Jede Therapie hat ein Vertrauensverhältnis zwischen Therapeut und Patient als Grundlage. Offiziell anerkannte Psychotherapeuten stehen in der Pflicht, die ethischen und berufsständischen Standards ihrer Zunft zu befolgen und ihr Wissen und Können zum Wohle ihrer Patienten einzusetzen. Manchmal ist es für Laien nicht einfach zu beurteilen, ob sie an einen „richtigen" Psychotherapeuten geraten sind. Deshalb sollten Sie bei den nachfolgend angeführten Punkten skeptisch sein (besonders, wenn sie sich häufen) und im Zweifelsfall lieber noch andere Personen oder autorisierte Kontaktadressen (siehe unten) um Rat fragen.

Alarmsignale, die Anlass zur Skepsis bieten sollten

Eine gewisse Vorsicht ist daher anzuraten, wenn der Therapeut
- auf Fragen nach seinem Berufsabschluss oder seiner Ausbildung nur ausweichend antwortet (oder Ihnen sagt, darauf komme es nicht an),

- kein offizieller Psychotherapeut ist, sondern ungewöhnliche Berufsbezeichnungen trägt (z. B. parapsychologischer Lebensberater) oder sich als „Heiler" bezeichnet,
- Sie dazu zwingen möchte, sich *sofort* für eine Therapie zu entscheiden (normalerweise haben Sie zu Beginn das Recht auf mehrere unverbindliche Probesitzungen und auch das Recht, sich erst zusätzliche Informationen/einen persönlichen Eindruck zu verschaffen),
- von Ihnen als Kassenpatient verlangt, einen teuren Therapievertrag für eine bestimmte Laufzeit zu unterschreiben oder Vorauszahlungen zu leisten (außer Sie sind Privatpatient oder Selbstzahler),
- Ihnen rasche, mühelose, umfassende Heilung verspricht (möglicherweise ganz ohne Ihr Zutun),
- Ihren Wunsch nach Informationen über seine Art der Behandlung ablehnt oder Ihnen keine plausible Erklärung für sein Vorgehen oder die von ihm eingesetzten Methoden liefern kann,
- Ihre Krankheitsvorgeschichte, Diagnosen und Befunde genauso ignoriert wie Ihre bisherigen Behandlungsversuche,
- kategorisch von Ihnen verlangt, andere laufende Behandlungen sofort abzubrechen oder (ohne Angabe von Gründen) Medikamente abzusetzen,
- nur seine eigene Sichtweise gelten lässt und negativ über alles andere urteilt,
- abwertend und pauschal über „die Schulmedizin" oder „wissenschaftliche Therapieverfahren" urteilt,
- eine Therapierichtung vertritt, die nicht mit Ihrer persönlichen Weltanschauung in Einklang zu bringen ist,
- bereits zu Maßnahmen greift, ohne dass Sie den Eindruck haben, dass er Ihre Person und Situation schon ausreichend geklärt und verstanden hat,
- den Eindruck macht, er sei mehr an etwas anderem interessiert (z. B. am Geldverdienen, an Ihrer Person, an Sex) als daran, Ihnen therapeutisch weiterzuhelfen.

Weitere kritische Punkte oder Grenzüberschreitungen können natürlich auch erst im späteren Verlauf der Therapie auftreten.

Woran erkenne ich dubiose Angebote der „Psychoszene" oder solche aus dem Bereich Esoterik?

In allen westlichen Gesellschaften ist der Psychomarkt ständig im Wachsen begriffen. Nirgends ist aber das Angebot so undurchsichtig, unkontrolliert und die Qualität so wenig überprüft wie in diesem Bereich. Von vollmundigen Versprechen in Richtung „Glück", „Gesundheit", „Heilung", „Selbstverwirklichung" oder „Wohlbefinden" profitieren leider meist mehr die Anbieter als die Hilfesuchenden. Dabei werden therapeutische Methoden zunehmend mit religiösen, spirituellen oder esoterischen Inhalten kombiniert, so dass manche Angebote mehr den Charakter einer ideologischen Heilslehre (bis hin zum Sektentum) annehmen. Unter der Überschrift „Kleine Orientierung im Psychomarkt" hat Ulrich Berens im Internet kritische Hinweise für alle, die an Therapien, „Heilung", Selbsterfahrungs- oder Meditationskursen interessiert sind, auf einer interessanten Homepage zusammengefasst (http://www.ulrich-berens.de).

Vorsicht bei dubiosen Angeboten

Danach sollten Sie u. a. auf folgende Gesichtspunkte achten:

- **Wird mit einfachen Antworten auf komplexe Lebensfragen geworben?**
- **Wird so getan, als könnte das Angebot menschliche Ur-Sehnsüchte erreichbar machen (wie Vollkommenheit, Erleuchtung, Heilung, dauerhaftes Glück, höhere Bewusstseinsstufen, Harmonie, Frieden, Befreiung von allen Fesseln etc.)?**
- **Werden notwendige Informationen/Antworten verweigert, geraten Sie durch Forderungen in Zugzwang (sofortige Entscheidung!) oder werden Sie mit Schuldgefühlen/Drohungen unter Druck gesetzt?**
- **Kommen überirdische, magische, geheimnisvolle Kräfte ins Spiel, die am Werk sein sollen, damit es Ihnen besser geht?**
- **Wird diesen „Energien" auch die Verantwortung über Erfolg und Misserfolg der Behandlung übertragen?**
- **Wird psychisches Leiden oder Krankheit als „böse" oder gar „selbstverschuldet" hingestellt?**
- **Tritt der „Therapeut" als Guru, Führer oder Meister auf, der sich im Besitz heilender Kräfte wähnt?**

- **Tritt der „Heiler" (ohne Belege) mit exklusivem Anspruch auf bzw. denunziert alle anderen Behandlungsalternativen?**
- **Wird blindes Vertrauen, absoluter Gehorsam, keinerlei Widerspruch, vorbehaltlose Durchführung aller Anweisungen und umfassende Lebenskontrolle verlangt?**

Die Gesichtspunkte aller obigen Abschnitte sollen Sie ein wenig zum Nachdenken über sich und Ihre Situation vor einer Psychotherapie anregen. Dadurch können Sie Ihre persönliche Entscheidung etwas leichter sowohl nach gefühlsmäßigen als auch vernünftig-logischen Maßstäben treffen, wie es „mündige Patienten" tun. Um keine einsamen Entscheidungen treffen zu müssen, ziehen Sie ruhig Personen Ihres Vertrauens mit zu Rate.

Wenn ich mich entschieden habe: Was kann ich konkret tun, um einen Psychotherapeuten zu kontaktieren?

Neben Empfehlungen die offiziellen Kontaktadressen nutzen

Am günstigsten ist es, sich vor Beginn bei möglichst *unterschiedlichen* Quellen über die in Frage kommenden Therapeuten der Region zu informieren. In erster Linie spielen die *Empfehlungen* von Freunden, Bekannten, Haus- und Fachärzten eine große Rolle. Neben solcher Mundpropaganda geben z. B. Beratungsstellen, Fachverbände der Ärzte/Psychologen, Ihre Krankenkasse oder die „Koordinationsstelle Psychotherapie" der regional zuständigen Kassenärztlichen Vereinigung gezielt Auskunft. Auch ein Blick ins Telefonbuch bzw. die „Gelben Seiten" (und mittlerweile auch ins Internet) hilft weiter.

Wichtige Kontaktadressen/Telefonnummern

- Psychotherapie-Informationsdienst (PID) des Berufsverbands Deutscher Psychologinnen und Psychologen: Heilsbachstr. 22, 53123 Bonn; Tel. 0228–746699 (Mo, Di, Do, Fr 9–12 Uhr, Mo, Do 13–16 Uhr); Fax 0228–9873171; Internet-Adresse: www.psychotherapiesuche.de ; e-mail: wd-pid@t-online.de (Bis auf die Telefongebühren kostenfreier Auskunftsdienst; bundesweit; gibt auch Informationen zu Arbeitsschwerpunkten, Spezialisierungen und Methoden von Therapeuten)

- Deutscher Psychotherapeutenverband (DPTV), Bundesallee 213–214, 10719 Berlin, Tel. 030–235009–0; Fax 030–235009–44; Internet-Adresse: www.psychotherapeuten-liste.de; e-mail: dptvbgst@aol.com
- Verband Psychologischer Psychotherapeutinnen und Psychotherapeuten (VPP), Kaiserplatz 3, 53113 Bonn; Tel. 0228–20123–0; Fax 0228–2012322; Internet-Adresse: www.vpp.org; e-mail: info@vpp.org
- Bundesverband der Vertragspsychotherapeuten (BVVP), Schwimmbadstr. 22, 79100 Freiburg, Tel. 0761–7910245; Fax: 0761–7910243; Internet-Adresse: www.bvvp.de; e-mail: bvvp@bvvp.de
- Vereinigung der Kassenpsychotherapeuten, Riedsaumstr. 4a, 67063 Ludwigshafen, Tel. 0621–637015; Fax: 0621–637016; Internet-Adresse: www.vereinigung.de; e-mail: info@vereinigung.de

Wenn Sie speziell *Verhaltenstherapeuten* suchen, so können Sie sich an die folgenden bundesweit zuständigen Adressen wenden:

- Deutscher Fachverband für Verhaltenstherapie (DVT), Salzstr. 52, 48143 Münster, Tel. 0251–44075; Fax: 0251–44074; Internet: www.verhaltenstherapie.de; e-mail: DVT@verhaltenstherapie.de
- Deutsche Gesellschaft für Verhaltenstherapie (DGVT), Neckarhalde 55, 72070 Tübingen, Tel. 07071–943411, Fax: 07071–943435; Internet: www.dgvt.de; e-mail: dgvt@dgvt.de

Wenn Sie verhaltenstherapeutisch tätige *Ärzte* oder *verhaltenstherapeutische Kliniken* suchen, so finden Sie entsprechende Adressen bei:

- Deutsche Ärztliche Gesellschaft für Verhaltenstherapie (DÄVT), Nymphenburger Str. 185, 80634 München; Tel. 089–13079310; Fax: 089–132133; Internet: www.daevt.de; e-mail: Sulz@daevt.de.

Adressen für Österreich und die Schweiz finden Sie im Anhang.

Weitere Informationsmöglichkeiten vor Ort

Ohne dass wir Ihnen hier die für Sie *regional* zuständigen Adressen/Telefonnummern bieten können, geben Ihnen auch folgende Personen oder Stellen Auskunft:

- Ihr Haus- oder Facharzt,
- Ihre Krankenkasse,
- die sog. Koordinationsstelle Psychotherapie der jeweiligen kassenärztlichen Vereinigung Ihres Bezirks,
- Ihr Gesundheitsamt vor Ort,
- sozialpsychiatrische Dienste,
- Wohlfahrtsverbände und Beratungsstellen Ihrer Region (in ihrer Funktion als Vermittler: z. B. Erziehungs- und Familienberatungsstellen, Ehe- und Lebensberatungsstellen etc.),
- Einrichtungen, mit denen Sie bereits Kontakt hatten (z. B. Kurklinik, Rehabilitationseinrichtung, psychosomatische Fachklinik, Arbeits- oder Sozialamt etc.),
- Selbsthilfegruppen (als Kontaktvermittler).

In vielen Fällen sind die Fachleute gehalten, Ihnen keine einzelnen Namen oder persönliche Behandlerempfehlungen anzugeben. Falls Sie eine umfangreiche Liste erhalten, fragen Sie trotzdem nach, wer evtl. speziell für Ihre Anliegen zuständig bzw. kompetent ist oder mit wem die betreffenden Institutionen gute Erfahrungen gemacht haben.

Außerdem sollten Sie sich bei der Kontaktaufnahme nicht scheuen, gleich bestimmte Therapiewünsche anzumelden (z. B. „Verhaltenstherapie"). Wenn Sie den Behandlern kurz Ihre Problematik schildern, fällt es diesen auch leichter, ihre eigene Zuständigkeit zu beurteilen, denn viele haben sich auf bestimmte Themen spezialisiert.

5 Psychotherapie mit Schwerpunkt Verhaltenstherapie: Was kommt da alles auf mich zu?

> **Es gibt zwei Wege aus der Dunkelheit: Entweder du machst Licht, dort wo du bist, oder du gehst in die Sonne.**
> **Seneca**

Café am Opernplatz. Manuela nippt an ihrem Cappuccino und genießt die letzten Strahlen der Abendsonne. „Toll hier", meint sie zu ihrer Freundin Petra. „Aber wir haben uns heute ja nicht nur getroffen, um über das Wetter zu plaudern. Du weißt – nächste Woche habe ich endlich den ersten Termin bei einer Verhaltenstherapeutin. Du hast so etwas ja schon hinter dir ..."

„Nun ja, ich habe schon früher ein paar Erfahrungen mit Psychotherapie gesammelt und im letzten Jahr nach der Krise mit Bernd und dem Verlust meines Jobs dann die Verhaltenstherapie gemacht."

„Eben – und deshalb möchte ich dich fragen, was da so alles auf mich zukommt."

„Tja, Manuela, da könnte ich viel erzählen. Aber das Wichtigste für mich war wohl, nicht nur Einsichten zu bekommen oder über meine Vergangenheit zu reden, sondern praktische Unterstützung bei den Sorgen und Nöten zu erhalten, die mich aktuell beschäftigt haben. Da ging es ganz konkret darum, wie kann ich die Trennung von Bernd überstehen, ohne mich gleich Hals über Kopf in die nächste Beziehung zu stürzen. Oder was kann ich aus dem Scheitern dieser Partnerschaft lernen, was waren meine Anteile daran, was ist mir bei künftigen Beziehungen wichtig? Oder was möchte ich beruflich anders machen, was müsste ich tun und lernen, um nicht weiterhin depressiv zuhause rumzusitzen oder schlaflose Nächte zu verbringen."

„Wie geht so etwas vor sich?"

„Du lernst vor allem, Probleme konkret anzupacken, also nicht nur darüber zu reden, sondern neue Lösungen zu finden, die sich umsetzen lassen. Meine Therapeutin konnte sich wirklich gut in meine Situation hinein versetzen und verstand mich und meine Lage. Aber sie gab mir gleichzeitig zu verstehen, dass ich mit meinem Zerfließen in Selbstmitleid auf Dauer wohl nicht weiter komme. In der Therapie lernte ich dann viele Dinge, die mir geholfen haben, mein Leben ab jetzt wieder selbst auf die Reihe zu bekommen. Ich glaube, das Besondere bei einer Verhaltenstherapie ist, dass du lernst, etwas zu *verändern:* Dein Verhalten, deine Einstellungen, deine Gefühle, deinen Umgang mit anderen Menschen, und zwar dort, wo es darauf ankommt, also in deinem Alltag. Dadurch geht es dir im Lauf der Zeit wieder besser."

„Und das wirkt bei jedem?"

„Von allein und ohne dein Zutun geht natürlich gar nichts. Aber ich habe gelesen – und in meiner Therapie hat sich das bestätigt –, dass die Verhaltenstherapie gute Erfolgsaussichten bei vielen psychischen Problemen hat. Da kommen erprobte und bewährte Methoden zum Einsatz. Ob es tatsächlich vorangeht, hängt allerdings auch von deiner aktiven Mitarbeit ab."

„Wenn ich aber etwas nicht mitmachen will?"

„Naja, ich weiß nicht, ob das so oft vorkommt. Ihr arbeitet ja *zusammen*, deine Therapeutin und du. Also, *ich* wurde jedenfalls immer respektiert und mit beteiligt, ich wusste eigentlich immer Bescheid, wozu wir bestimmte Schritte machen. Da habe ich immer die nötigen Informationen bekommen. Notfalls musst du halt fragen oder sagen: Das will ich, oder: Das nicht!"

„Ist das nicht mühsam, an Problemen zu arbeiten, etwas Neues zu lernen oder sich und sein Leben zu verändern?"

„Manchmal schon. Aber es lohnt sich. Du beschäftigst dich ja erst einmal viel mit der Frage, wie sollte dein Leben eigentlich werden, damit du sagen kannst: Jetzt geht es mir besser! Und diese positiven Vorstellungen helfen dir, Energien freizusetzen. Du weißt auch, dass die Anstrengung vorübergehend ist, und es dir danach wieder besser geht. Und außerdem werdet ihr sicher nicht nur Probleme wälzen, sondern auch deine Stärken und positiven Seiten beachten und weiterentwickeln."

Manuela nickt. „Naja, ein wenig mulmig ist mir schon – aber irgendwie bin ich auch froh, dass ich mich zu diesem Schritt entschieden habe." Schweigend blickt sie in die Ferne und denkt an kommenden Mittwoch, ihren ersten Termin.

„Ich werde nur eine Therapie beginnen, von der ich zumindest in groben Zügen weiß, was mich dort erwartet", dachte auch Werner K., als er sich mit ersten zaghaften Überlegungen beschäftigte, sich wegen seiner Kontaktängste um professionelle Hilfe zu bemühen. Er hatte an eine *Verhaltenstherapie* gedacht, weil er in einer Zeitschrift gelesen hatte, dass diese bei sozialen Ängsten ganz gute Erfolgsraten vorzuweisen habe. Innerlich zögerte er aber noch und stellte sich Fragen wie z. B.: Worauf muss ich mich bei einer Verhaltenstherapie konkret einstellen? Was kann ich von ihr erwarten? Was werde ich lernen? Was muss ich tun? Wie wird das Ganze ablaufen?

In den folgenden Abschnitten möchten wir darauf einige Antworten geben. Dabei konzentrieren wir uns auf Aspekte, die *speziell für die heutige Verhaltenstherapie* gelten. Im vorliegenden Kap. 5 beschreiben wir zunächst, was im Allgemeinen auf Personen zukommt, wenn sie sich für eine Verhaltenstherapie entscheiden. In Kap. 6 stellen wir dar, wie (und in welchen Phasen) eine typische Verhaltenstherapie in der Praxis abläuft. In Kap. 7 folgen dann viele Hinweise, was Patienten *selbst* beitragen können (und müssen), damit ihre Therapie ein Erfolg wird.

Einige Kennzeichen und Leitlinien der Verhaltenstherapie

Falls Sie bereits Kap. 2 und 3 gelesen haben, erinnern Sie sich vielleicht daran, dass das Hauptziel der Verhaltenstherapie darin besteht, Patienten bei der Lösung ihrer Probleme zu unterstützen, ihnen möglichst bald zur Eigenständigkeit zu verhelfen und die Therapie dann allmählich wieder überflüssig zu machen. Zu Beginn heißt es oft: „*So* kann es nicht weitergehen"… „Es muss *anders* werden!"… „Ich möchte endlich wieder *besser* dastehen". Aber anders wird es meistens nicht von selbst – noch dazu, wenn Patienten bisher schon alles versucht haben (aber ohne Erfolg). Wie soll das jetzt mit Hilfe einer Verhaltenstherapie funktionieren?

Verhaltenstherapie hilft systematisch bei Veränderungen und nutzt dazu verschiedenste Methoden

Die Verhaltenstherapie bietet die Chance, Änderungen *systematisch* in Gang zu setzen und zu lernen, mit Problemen des Lebens anders/besser umzugehen als bisher. Verhaltenstherapie stellt also einen *Prozess der Veränderung* dar, um von einem unerfreulichen Ausgangszustand ☹ – soweit möglich – zu einem besseren SOLL-Zustand ☺ zu gelangen. Dazu nutzen Verhaltenstherapeuten sämtliche Wirkfaktoren der Psychotherapie, die in der Forschung immer wieder deutlich wurden:

Verhaltenstherapeuten

- arbeiten möglichst eng an den aktuellen Problemen,
- vermitteln neue Erfahrungen und Fähigkeiten,
- helfen beim Lernen/Umlernen belastender Gefühlsreaktionen,
- klären persönliche Ziele und Motive,
- vermitteln Einsichten und Selbsterkenntnis und
- assistieren beim Erkennen/Nutzen persönlicher Stärken.

Eine positive Therapeut/Patient-Beziehung – gekennzeichnet durch Offenheit, Vertrauen, Respekt und gute Zusammenarbeit – bildet für all diese Maßnahmen das unverzichtbare Fundament.

Woran ist ein Verhaltenstherapeut in seinem praktischen Arbeiten zu erkennen?

Oft hören wir Fragen wie z. B. „Geht es bei Verhaltenstherapie nur um äußerlich sichtbares Verhalten oder auch um meine Gedanken und Gefühle?"… „Wird nur miteinander geredet, oder was wird sonst noch gemacht?"… „Muss ich viel von meiner Kindheit berichten?"… „Wenn es so viele Therapierichtungen gibt: Was ist das *Besondere* bei einer Verhaltenstherapie?"… „Woran merke ich denn, dass ich wirklich bei einem Verhaltenstherapeuten bin?" Deshalb möchten wir hier einige Kennzeichen typisch *verhaltenstherapeutischen* Vorgehens präsentieren.

Spielregeln für Psychotherapeuten aller „Schulen"

Da Verhaltenstherapeuten eine Untergruppe der „Psychotherapeuten" darstellen, befolgen sie natürlich zunächst einmal alle Vorgaben und Richtlinien, die für die Durchführung von Psychotherapie *im Allgemeinen* gelten. Dazu gehören z. B.

- Achtung von Entscheidungsfreiheit und Menschenwürde der Patienten,
- Gewährleisten einer *professionellen* Beziehung zu Patienten (Vermeidung von Rollenkonflikten, keine Therapie mit Bekannten, Verwandten oder Personen, die zum Therapeuten in irgendeinem Abhängigkeitsverhältnis stehen, keine geschäftlichen, freundschaftlichen oder sexuellen Interessen),
- absolute Vertraulichkeit, striktes Einhalten von Datenschutz und Schweigepflicht,
- Informations- und Aufklärungspflicht über die Behandlung,
- korrekte Titel- und Berufsbezeichnungen, keine irreführende oder versprecherische Werbung,
- Arbeit im Rahmen der eigenen Behandlungskompetenz (Stichwort: „Finger weg von Problemen oder Methoden, von denen der Therapeut nichts/wenig versteht"),
- Sorgfaltspflicht: Bestmögliche Dienstleistungsangebote nach den „Regeln der Zunft" und dem aktuellen „Stand der Kunst",
- Verpflichtung zu lebenslanger Weiterbildung und Supervision (um die Qualität der Arbeit auf Dauer zu sichern).

Spezielle Vorgaben für Verhaltenstherapeuten

Speziell für Verhaltenstherapeuten gibt es ein paar besondere Kriterien, an denen sie in der unmittelbaren Therapiesitzung als solche zu erkennen sind. Während *einzelne* der nachfolgend angeführten Punkte auch bei Therapeuten anderer Orientierung anzutreffen sein mögen, macht es die *Gesamtheit* dieser Aspekte aus, dass wir von einem „verhaltenstherapeutischen" Vorgehen sprechen.

So haben Sie es mit hoher Wahrscheinlichkeit mit einem Verhaltenstherapeuten zu tun, wenn Sie mit seiner Hilfe lernen, durch *aktives Handeln* mit Ihren *derzeitigen Problemen besser umzugehen.* Dazu werden Sie im Verlauf der Kontakte immer wieder gebeten, *sehr konkret* Ihre *aktuellen Beschwerden und Probleme zu beschreiben* und tatkräftig *bei der Analyse und Lösung der Probleme mitzuwirken*. So lernen Sie z. B., darauf zu achten, unter welchen Bedingungen die Beschwerden stärker/schwächer werden. Sie werden danach gefragt, wie/weshalb die Probleme entstanden sind und wie sie sich über die Zeit entwickelt haben. Es wird auch analysiert, was Sie bislang schon alles versucht haben, um damit klar zu kommen. Vor allem werden Sie mit dem Therapeuten zusammen ergründen, weshalb die Probleme heute *andauern*. Auch das *Klären eigener Ziele, Wünsche, Motive und Bedürfnisse* nimmt in der heutigen VT großen Raum ein (z. B. mit Hilfe von Fragen wie: Was soll künftig werden *anstatt* der Schwierigkeiten? Wie könnte das Leben *ohne* die Probleme aussehen? Was ist mir ab jetzt wichtig, und was bin ich bereit, dafür zu investieren?).

Aktives, direktes Herangehen an die aktuellen Probleme im Alltag

Darüber hinaus legen Verhaltenstherapeuten großen Wert darauf, dass Sie *vom Reden zum Handeln kommen* und die Probleme *direkt* angehen. In der Therapiestunde kann man sich z. B. möglichst lebendig vorstellen, wie es wäre, wenn man sich jetzt in der kritischen Alltagssituation befände. Manche Abläufe lassen sich auch künstlich nachspielen. Bei solchen „Rollenspielen" lässt sich sehr gut überlegen (und dann unter Anleitung üben), was man „im richtigen Leben" alles machen könnte, um schwierige Situationen zu meistern.

Wichtiger ist noch, zwischen den Sitzungen *im Alltag* kleine Aufgaben zu erledigen, die Ihre Therapie voranbringen (z. B. sich selbst oder bestimmte Abläufe zu beobachten, die Erfahrungen kurz zu notieren und die Aufzeichnungen zur nächsten Sitzung mitzubringen, kleine Änderungsversuche, Experimente oder aktive Lösungsschritte auszuprobieren und über deren Verlauf/Ergebnisse zu berichten).

Ab und zu werden Sie gebeten, sich an *Maßnahmen zur Qualitätssicherung und Erfolgskontrolle* zu beteiligen (z. B. Ihre Eindrücke mit Hilfe von Fragebögen oder Einschätzskalen kund zu tun). Und schließlich geht es ja noch darum, neben allen Problemen auch die eigenen *positiven Seiten* zu beachten und besser zu nutzen.

Problem- und zielorientiertes Vorgehen sowie Übernahme von Mitverantwortung

Insgesamt werden Sie schnell bemerken, dass für Verhaltenstherapeuten die Therapie kein Selbstzweck ist, sondern immer der *Arbeit an bestimmten Problemen und Zielen* dient. Zudem werden Sie durchgängig über die Hintergründe des Vorgehens aufgeklärt und gebeten, Eigeninitiative zu zeigen, Entscheidungen mit zu treffen und Verantwortung für Ihre Therapie zu übernehmen. Skeptische Fragen Ihrerseits sind dabei genauso willkommen wie Meldungen über erste kleine Fortschritte oder die Umsetzung eigener Ideen – sie gelten als positives Zeichen Ihrer aktiven Mitarbeit.

Was tut ein Verhaltenstherapeut üblicherweise nicht?

Reden allein hilft genauso wenig wie die Hoffnung, dass der Therapeut die Probleme für Sie lösen wird

Umgekehrt möchten wir verdeutlichen, was *nicht* zu typischen VT-Vorgehensweisen gehört. So ist es z. B. äußerst unwahrscheinlich, dass Ihr Verhaltenstherapeut sich nur auf das Zuhören beschränkt oder darauf hofft, dass Reden allein schon weiterhilft („Gut, dass wir darüber gesprochen haben …"). Er ist normalerweise auch nicht vorrangig/ausschließlich an Ihrer frühen Kindheit oder Vergangenheit interessiert, wird kaum das Unbewusste Ihrer Träume interpretieren oder Sie in extreme Gefühlssituationen versetzen und Sie damit allein lassen. Auf alle Fälle wird er Sie nicht in einer passiven Rolle halten oder sich stellvertretend *für Sie* an die Lösung der Probleme machen. Er wird während der Therapie zu Ihnen auch keine alltagsüblichen Kontakte pflegen (mit Ihnen privat zum Essen oder ins Café gehen, ausführlich von sich oder seinen Sorgen erzählen usw.). Für einen Verhaltenstherapeuten wäre es zudem untypisch, die Sitzungen ziel- und planlos abzuhalten oder Sie nur über Ihre Probleme klagen zu lassen, ohne mit Ihnen allmählich neue/andersartige Lösungen zu entwickeln. Außerdem versteht er die Therapiestunden nicht als künstliche Insel, auf der Sie „einfach mal vom Alltag abschalten" und es sich gut gehen lassen können (bis Sie wieder zurück in die „böse Welt" müssen), sondern wird mit Ihnen nach *Lösungen für Ihren Alltag* suchen.

Sechs Mottos für Verhaltenstherapie-Patienten (und ihre Therapeuten)

Allgemeine Denk- und Handlungsregeln in der Verhaltenstherapie

Dass die „richtige Einstellung" manches im Leben erleichtern kann, ist Ihnen wahrscheinlich aus dem Alltag vertraut. Auch für die Verhaltenstherapie gibt es ein paar *allgemeine Denk- und Handlungsregeln,* die erfolgreiche Problemlösungen begünstigen. Wir haben sie zu „sechs Mottos für Verhaltenstherapie-Patienten (und ihre Therapeuten)" zusammengefasst.

Sechs Mottos für Verhaltenstherapie-Patienten (und ihre Therapeuten)

- Verhaltensbezogen denken und handeln
- Lösungsorientiert denken und handeln
- Positiv denken und handeln
- In kleinen Schritten denken und handeln
- Flexibel denken und handeln
- Zukunftsorientiert denken und handeln

Wir meinen, dass das Befolgen dieser Regeln nicht nur in den Therapiestunden, sondern auch „draußen im richtigen Leben" hilfreich ist, und dass der Therapeut zunächst mit gutem Beispiel vorangehen sollte, bevor er das Ganze von seinen Patienten verlangt. Was hat es mit den einzelnen Mottos auf sich?

Verhaltensbezogen denken und handeln. Im Alltag gehen wir mit unserer Sprache oft recht vage und ungenau um. Wir sagen beispielsweise, dass wir nicht „willensstark" genug sind; wir fühlen uns als „chronische Pechvögel" oder stehen „andauernd auf der Schattenseite des Lebens". Wenn wir solche *Eigenschaften* zuschreiben, unterstellen wir meist, dass diese bei der betreffenden Person stabil bleiben. Dadurch werden Änderungsversuche unwahrscheinlich.

Häufig können wir Probleme auch deswegen nicht lösen, weil wir den Blick nur auf deren Begleiterscheinungen oder Konsequenzen richten: Wir beklagen, dass wir „zu dick" seien, „keine Zeit" hätten oder „im Beruf erfolglos" wären, und übersehen, dass dies alles nur dadurch zustande kommen konnte, dass wir uns tagtäglich in einer bestimmten Weise verhalten (haben): Vielleicht essen oder trinken wir zuviel, überlasten uns mit zu vielen Aufgaben oder bekommen die Quittung, dass wir trotz anderer Möglichkeiten an unserer bisherigen Arbeitsstelle festhalten.

Um Schwierigkeiten bewältigen zu können, müssen wir zunächst einmal klar formulieren, *welches Verhalten in welchen Situationen* konkret abläuft und von welchen Faktoren es beeinflusst wird. Dies können Einflüsse aus der Umgebung sein (beispielsweise die An- oder Abwesenheit bestimmter Personen), aber auch Ereignisse aus dem

„Inneren" der Person (Gedanken, Emotionen oder körperlich-physiologische Bedingungen wie z. B. Drogen oder Medikamente). Bei der Suche nach Zielen und Alternativen ist eine konkrete Beschreibung genauso wichtig. Denn was bedeutet für uns eigentlich der Wunsch, „zufrieden" oder „glücklich" zu werden? Was meinen wir damit im Einzelnen? An welchen Gedanken, Gefühlen und Verhaltensweisen machen wir das fest? Und woher sollen *andere* wissen, was gemeint ist?

Mit unserem ersten Motto schlagen wir deshalb vor, sowohl Problemsituationen als auch mögliche Ziele und Lösungsschritte *so exakt wie möglich in Verhaltensbegriffen zu beschreiben*, weil dadurch erst klar wird, worum es „eigentlich" geht.

Verhaltensbezogen denken und handeln

Verhaltenstherapeuten bitten ihre Patienten durchgängig, *Problemsituationen* möglichst exakt zu beobachten und präzise zu beschreiben, z. B. anhand folgender Fragen: Was heißt das genau: „Mir geht es nicht gut"? Wie sieht das im Einzelnen aus? Welche Gedanken, Gefühle und Verhaltensweisen laufen da ab? Was ist vorher/nachher? usw.

Auch *Ziele* (z. B. „Glück", „Wohlbefinden") müssen erst konkret und auf möglichst positive Weise formuliert werden, bevor man sich auf den Weg machen kann. Dazu bitten wir Personen beispielsweise, sich damit zu beschäftigen, wann/wie sie solche Zustände bereits erlebt haben und welches Verhalten in welchen Situationen bei ihnen denn zu Glück und Wohlbefinden beitragen könnte.

Lösungsorientiert denken und handeln. Viele Therapeuten und Patienten sind gewohnt, sich während einer Therapie hauptsächlich auf *negative* Aspekte, d. h. auf Schwierigkeiten, Konflikte, Störungen oder Krankheiten zu konzentrieren. Oft werden Probleme nur bejammert, mit unproduktiven Fragen analysiert („Warum bin ich nur so ein missratener Mensch geworden?") oder von Selbstmitleid und Selbstvorwürfen begleitet („Ich Ärmster – hätte ich doch damals vor 8 Jahren …!").

Leider ist es sehr hinderlich, die Aufmerksamkeit nur auf unerfreuliche Lebensaspekte zu richten. Neben der Tatsache, dass problemlastige Gespräche bei den Beteiligten negative Stimmungen verstärken und aufrechterhalten, bleibt man meist im Teufelskreis der bisherigen erfolglosen Lösungsbemühungen gefangen. Für eine *konstruktive* Problembewältigung lenken wir daher den Blick gezielt auf *mögliche Lösungen* und die Frage: „Was ab jetzt?!" In gewisser Weise entsteht dadurch eine *„gesunde Trotzhaltung"* – im Sinne von „Was möchte und kann ich ab jetzt, mit Blick nach vorn, *trotz der Schwierigkeiten in der Vergangenheit* für mich erreichen?" Damit bitten wir Patienten auch, zumindest ab heute für die weitere Entwicklung in ihrem Leben die Verantwortung zu übernehmen, was diese vielleicht bisher (oder früher als Kind) noch nicht konnten.

Lösungsorientiert denken und handeln

Entsprechend diesem Motto stellen wir Fragen wie z. B.: Was wäre anders, wenn das Problem gelöst wäre? Wie könnte eine *mögliche* Lösung für Ihre Schwierigkeiten aussehen? Welche Alternativen gibt es (zumindest theoretisch)? Was tun *andere* Personen in einer solchen Situation? Welche kleinen Einflussmöglichkeiten haben Sie? Wie müsste es sein/werden, dass Sie sagen könnten: Jetzt ist es wieder in Ordnung oder besser für mich? Auf welchem Weg könnten Sie dahin gelangen? Welchen kleinen Versuch könnten Sie unternehmen, um einer solchen Lösung zumindest ein Stückchen näher zu kommen?

Positiv denken und handeln. Ganz im Einklang mit dem oben Gesagten verwenden wir zumindest einen kleinen Teil jeder Therapiestunde darauf, positive Anteile zu erkennen, eigene Stärken, Talente und Fähigkeiten zu registrieren, besser zu nutzen und auszubauen. Dies ist nicht ganz einfach, denn einerseits nehmen wir Menschen vieles in unserem Leben als selbstverständlich hin; andererseits ist beim Schildern von Schwächen, Fehlern und Problemen unsere Aufmerksamkeit so negativ fixiert, dass wir in entsprechend düsteren Stimmungen gefangen bleiben und Positives gar nicht mehr wahrnehmen können.

Wir legen allerdings Wert auf die Feststellung, dass wir keine Vertreter der Schule des so genannten „positiven Denkens" sind, wonach es angeblich gelingt, nur durch positive Selbsteinredungen (wie z. B.:

„Alles wird gut! Deine innere Natur sorgt für Dich!“) glücklich zu werden. Nach unseren Erfahrungen hilft es wenig weiter, wenn Menschen im „positiven Denken“ verharren und sonst passiv bleiben. Die positiven Gedanken und Bilder müssen in zielgerichtete Aktivitäten umgesetzt werden. Deshalb ist jede Verhaltenstherapie so angelegt, dass es Patienten gelingt, durch konstruktives *Handeln* auch *positive Erfahrungen* im Leben zu machen (und mögen diese anfangs noch sehr klein sein).

Zudem richten wir den Blick (ausgehend vom Zustand am Anfang der Therapie) immer auf die ersten kleinen *Fortschritte*, und so ist es schon ein gutes Zeichen, wenn jemand (bildlich gesprochen) auf seinem Weg vom Keller in den 7. Stock jetzt schon die ersten 3 Stufen in Richtung Erdgeschoss geschafft hat.

Die Wahrnehmung kleiner Erfolge und positiver Lebensaspekte hebt die Stimmung, vermittelt Hoffnung und erleichtert es, sich auf neue Ziele und das Ausprobieren neuer Wege einzulassen, d. h. statt dem Festhalten an alten Gewohnheiten *Veränderung* zu wagen.

Positiv denken und handeln

Verhaltenstherapeuten werden z. B. mittels folgender Fragen helfen, Ihre Aufmerksamkeit auf positive Aspekte zu richten: Was ist O.K., was „passt“, was „läuft“ in Ihrem Alltag? Wie haben Sie es geschafft, trotz der Schwierigkeiten in Ihrem bisherigen Leben manches „auf die Reihe“ zu bekommen? Was waren wichtige positive Erlebnisse und Erfolge in Ihrem Leben? Was schätzen andere an Ihnen? Was Sie selbst? Auch wenn Ihnen Ihr Leben derzeit schwarz erscheint – was sind einige dunkel- oder hellgraue Bereiche, in denen es Ihnen besser geht? *Wenn* Sie erfolgreich wären oder *wenn* Ihr Leben besser wäre – wie sähe es aus? Welche kleinen positiven Erfahrungen können Sie sich gönnen *trotz* der vorhandenen Probleme?

Die Lenkung der Aufmerksamkeit auf positive Aspekte heißt allerdings nicht, das Leid von Patienten zu bagatellisieren oder so zu tun, als wären die Probleme nicht vorhanden. Wo es Schwierigkeiten gibt, werden sie geklärt und bearbeitet. Andererseits wecken wir aber berechtigte Hoffnungen auf Veränderung und einen „realistischen Optimismus“, denn zumindest *kleine* Verbesserungen sind fast immer möglich.

In kleinen Schritten denken und handeln. Ein altes chinesisches Sprichwort sagt: Selbst die weiteste Reise beginnt mit dem ersten Schritt. Die Verhaltenstherapie hat sich seit jeher dieses Prinzips bedient und es bei der Umsetzung von Veränderungen und beim Lernen neuer Fähigkeiten genutzt. Insbesondere bei großen (und noch weit entfernten) Zielen hilft es, diese in kleine Portionen zu unterteilen, um die Teilziele dann Schritt für Schritt erreichen zu können.

Wenn Herr B. uns beispielsweise von seinem Wunsch berichtet, sich nicht weiter von seinen Kollegen und seinen Bekannten ausnutzen zu lassen, sondern künftig besser eigene Interessen durchzusetzen, dann fragen wir zunächst, was das für ihn genau heißen soll. Danach helfen wir bei den ersten Schritten dorthin: Wir üben mit ihm z. B., zunächst überhaupt einmal „Nein" zu sagen, dies laut und deutlich zu tun und später dann die dazu passende Mimik und Gestik zu zeigen. In der nächsten Stufe wenden wir diese Fähigkeiten dann auf kritische Alltagssituationen an: Wir spielen diese in der Therapiestunde künstlich nach und erarbeiten Alternativen oder Kompromisse, um die Situationen zu bewältigen. Über die Zeit hinweg lassen sich die Anforderungen solcher Übungen langsam steigern: Von ersten leichten Situationen mit einem gutem Freund gehen wir zu schwierigeren (z. B. mit dem Chef) über. Sobald es in der Sitzung einigermaßen klappt, bietet sich ein kleiner Versuch *im Alltag* an, worüber Herr B. beim nächsten Termin wieder berichten kann.

Das jeweilige Ergebnis entscheidet über die Fortsetzung: Während bei Misserfolg gestoppt werden muss (um zu klären, weshalb es so nicht funktioniert hat, und um neue/andere Möglichkeiten zu suchen), kann bei Erfolg ein Schritt weitergegangen werden.

In kleinen Schritten denken und handeln

Verhaltenstherapeuten helfen Ihnen dabei mit folgenden Anregungen: Welchen *kleinen* Schritt können *Sie* tun, um an der Situation etwas zu verändern? Wenn Sie X erreichen möchten: Was wäre das erste „Etappenziel" auf dem Weg dorthin? Bezogen auf Ihr Ziel X: Welcher Teilschritt dorthin ist heute in unserer Sitzung für Sie

wichtig? Was können Sie heute (morgen, diese Woche) tun? Welchen ersten Versuch werden Sie *bis zu unserer nächsten Sitzung* starten?

Selbst verfahrene Problemsituationen oder riesig anmutende Ziele werden auf diese Weise handhabbar: Wir zerlegen sie gemeinsam in kleine, überschaubare, bewältigbare Teilschritte, und dann lässt sich systematisch etwas dafür *tun* – Tag für Tag, Woche für Woche, Monat für Monat.

Flexibel denken und handeln. Probleme versetzen uns Menschen immer in emotionalen Stress. Besonders, wenn es um Themen von existenzieller Bedeutung geht, sind wir oft nur zu starren Denk- und Handlungsmustern fähig oder fallen auf frühere („primitivere") Stufen unserer Entwicklung zurück.

Aber selbst wenn wir an unseren Schwierigkeiten verzweifeln und es in unserer negativen Stimmung nicht wahrhaben wollen: *Theoretisch* gibt es in jeder Lebenslage immer *viele* Lösungen (nicht nur eine oder gar keine). Und Probleme werden in den meisten Fällen erst dadurch „Probleme", weil wir gefühlsmäßig zu stark beteiligt sind: Wir können dann unsere Perspektive nicht verlassen, sind wie mit Scheuklappen versehen und finden uns immer wieder in den gleichen Sackgassen wieder.

In solchen Extremsituationen werden Verhaltenstherapeuten Ihnen helfen, allmählich von alten Gewohnheiten weg zu kommen, ausgetretene Pfade zu verlassen, über den bisherigen „Tellerrand" zu blicken und neue/andersartige Sichtweisen zu entdecken. Sie selbst können dann festgefahrene Denkgewohnheiten (z. B. Schwarz-Weiß-Denken, Alles-oder-Nichts etc.) leichter erkennen, unterbrechen und durch differenziertere ersetzen. Günstig ist es auch, sich – zunächst einmal in der Phantasie – mit der *Möglichkeit* zu beschäftigen, dass das Leben auch anders/besser sein *könnte*. Später geht es dann darum, Neues auszuprobieren, kleine Änderungsversuche in nicht bedrohlichen Situationen zu starten, Mini-Experimente zu wagen und auch *im Handeln* flexibler zu werden. Auf diese Weise bereiten Sie sich – im Denken und Tun – auf unterschiedlichste künftige Alternativen vor.

Flexibel denken und handeln

Fragen, die Ihnen ein Verhaltenstherapeut diesbezüglich stellen wird, sind z. B.: Wie könnten Sie die Situation sonst noch betrachten? Was könnten Sie anders machen – zumindest theoretisch oder in der Phantasie? Was wäre, wenn Sie X denken, fühlen, tun würden? Was könnte Ihre Umgebung sagen oder tun, wenn Sie … ? Was tun *andere* in einer solchen Situation? Was haben Sie *noch nicht* ausprobiert? Welchen neuen/andersartigen Versuch könnten Sie starten? Welche ungewöhnlichen Schritte wären möglich? Falls Plan A nicht funktionieren sollte – was könnten Sie sonst noch tun?

Zukunftsorientiert denken und handeln. Viele Patienten kommen in die Therapie mit der Hoffnung, dass „alles wieder so werde wie früher". Leider kann keine Therapie das Rad der Geschichte zurück drehen oder Ereignisse aus der Vergangenheit ungeschehen machen. Verhaltenstherapeuten orientieren sich in dieser Hinsicht an einem Satz von Sören Kierkegaard: „Das Leben *verstehen* kann man nur *rückwärts* – aber *leben* muss man es *vorwärts!*" und helfen Ihnen bei der Klärung der Frage: „Was ab jetzt – mit Blick nach vorn?"

Natürlich kann niemand in die Zukunft blicken. Wir können aber unsere Phantasie spielen lassen und *neue Träume träumen:* Denn aus der Praxis und Forschung ist bekannt, dass wir dann leichter von guten Vorsätzen zum tatsächlichen Handeln kommen, wenn wir uns zuvor sehr lebhaft, gefühlsbetont, aber konkret mit unseren Zielvorstellungen und den *Möglichkeiten* des Andersseins beschäftigt haben. Dazu sind „Was-wäre-wenn …"-Ideen, Phantasien oder positiv getönte Tagträumereien wertvolle Anstoßgeber.

Zukunftsorientiert denken und handeln

Folgende Anregungen können dabei nützlich sein: Wie sollte Ihr Leben von jetzt an sein? Was möchten Sie *ab jetzt* – mit Blick nach vorn – *trotz* bestimmter Schwierigkeiten in der Vergangenheit? Wenn Sie 3 Jahre weiter schauen, und in dieser Zeit verläuft alles nach Ihren Wünschen: Wie wird Ihr Leben dann anders/besser sein? Wenn wir in der Therapie gut zusammenarbeiten und Erfolge erzielen: Woran werden Sie erkennen, dass es Ihnen besser geht? Woran werden *andere* es merken? Wenn Sie nur *eine* Sache in Ihrem Leben ändern könnten, so dass es Ihnen künftig besser ginge: Was wäre das?

Aus solchen zukunftsorientierten Phantasien und Empfindungen versuchen wir gemeinsam, verbindliche *Ziele für die Therapie* abzuleiten und *realistische* Ziele zu setzen, denen Sie sich anschließend Schritt für Schritt annähern können.

Alle 6 Mottos ziehen sich wie ein roter Faden durch den gesamten Verlauf einer Verhaltenstherapie. Sie stellen – ganz unabhängig von der speziellen Problematik – *allgemein* hilfreiche Denkregeln und Handlungsstrategien „für das Leben" dar. Wenn sich alle Beteiligten während der Therapie daran halten, fällt es auch leichter, *spezielle Strategien der Veränderung* umzusetzen, die wir in den folgenden Abschnitten präsentieren.

Verhaltenstherapie als Lernen und Veränderung

Neben den *allgemeinen* Denk- und Handlungsregeln des vorigen Abschnitts (= 6 Mottos) dreht sich bei der konkreten verhaltenstherapeutischen Arbeit alles um die Frage, welche *speziellen* Lern- und Veränderungsprozesse im Einzelfall nötig sind, um die Lebenssituation des Patienten zu verbessern. Was braucht er? Was möchte oder sollte er lernen, um am Ende der Verhaltenstherapie besser dazustehen? Was muss/will er ändern bzw. was kann so bleiben?

„*Dass* etwas anders werden muss, war mir natürlich klar. Aber *was* das im Endeffekt alles *heißt*, habe ich in meiner Therapie erst noch lernen müssen. Anfangs dachte ich noch: ‚*Es soll sich* etwas ändern …' oder ‚*Es* wird sich schon irgendwie ändern'. Aber *es* tat sich nichts. Konnte auch gar nicht funktionieren, denn es ging ja nicht um *es*, sondern um *mich*. Erst als ich bereit und überzeugt war: ‚*Ich kann, will und werde* etwas verändern!' konnte ich mir neue Ziele setzen und meine Änderungsschritte gehen."

Rainer F. (ehemaliger Patient)

Wie die Aussage von Rainer F. verdeutlicht, ist es durchaus ungewohnt, sich auf solche Fragen einzulassen. Allein die Perspektive, dass man etwas lernen müsste und Veränderungen notwendig sind, kann für viele (trotz aller bestehenden Belastungen) zusätzlichen

Stress bedeuten. Und manche würden am liebsten Schwimmen lernen, ohne dazu ins Wasser zu steigen … Was heißt also „Lernen“ und „Veränderung“? Was kommt da eigentlich alles auf Patienten zu?

Lernen – was bedeutet das?

Verhaltenstherapie als Lernprozess

Im Verständnis von Verhaltenstherapeuten hat „Lernen“ nicht nur mit dem zu tun, was wir aus der Schule kennen: Natürlich lernen wir Schreiben, Rechnen, Lesen, Turnen oder Schwimmen. Von Geburt an lernen wir aber auch Fühlen, Riechen, Schmecken, Sprechen oder Denken, bauen Beziehungen zu anderen Menschen auf und machen unterschiedlichste Erfahrungen mit unserer Umgebung, die uns als Person prägen. Wir lernen beispielsweise

- *Verhaltensweisen* (z. B. Fahrrad oder Auto fahren, selbstsicher bzw. unsicher in Gesellschaft aufzutreten, anderen zuzuhören, aggressiv gegen Schwächere zu sein usw.),
- *Einstellungen, Wertvorstellungen und Lebenshaltungen* (z. B. ob es für uns wichtig ist, anderen gegenüber höflich oder gerecht zu sein, ein ruhiges bzw. aufregendes Leben zu führen, stur unsere eigenen Interessen durchzusetzen bzw. das Wohl der anderen zu achten usw.),
- *Gefühlsreaktionen* (z. B. schon bei jeder Kleinigkeit in Wut zu geraten, große Angst vor fremden Personen oder Situationen zu haben, sich über Erfolg oder Lob zu freuen bzw. sich zu schämen, weil man Trauer oder Schwachheit gezeigt hat usw.),
- *körperliche Reaktionen* (z. B. in peinlichen Situationen rot zu werden, nach Streit mit dem Chef Migräne zu haben, vor Prüfungen Magen-/Darmbeschwerden zu bekommen usw.),
- *Zusammenhänge* (z. B. dass es bei Karin H. nur dann Schonung und Zuwendung seitens der anderen Familienmitglieder gibt, wenn sie krank ist; dass Alfred P.'s Angst vor Menschen nachlässt, sobald er wieder allein in seiner Wohnung ist usw.),
- *Wissen über uns selbst* (z. B. dass wir Stärken und Schwächen haben, uns bestimmte Dinge zutrauen, attraktiver oder unattraktiver sind als andere, dass wir X tun oder Y vermeiden müssen, damit es uns gut geht usw.).

Wir lernen Gewohnheiten, um Überleben zu können. Wenn solche Gewohnheiten nicht mehr passen, sollten wir umlernen oder Neues lernen

Ohne Lernen wäre das Leben schwierig bis unmöglich: Durch Lernen bilden wir *Gewohnheiten*, die wir brauchen, um uns schnell zurechtzufinden und uns nicht immer wieder neu orientieren zu müssen. Wir lernen, aus unseren Erfahrungen Schlüsse über unsere Fähigkeiten abzuleiten (die natürlich manchmal falsch sein können ...). Wir lernen ständig, indem wir Verknüpfungen zwischen Ereignissen, Gefühlen, Gedanken und Verhaltensweisen herstellen, die dann wiederum unser künftiges Verhalten leiten. Lernen ist meist ein ganz automatischer Prozess, der zu gewohnheitsmäßigen Mustern führt, über die wir gar nicht mehr nachdenken. Falls es notwendig wird, durch eine Therapie *Veränderungen* einzuleiten, stellt das bewusste Wahrnehmen und Erkennen von solchen Routineabläufen den ersten konstruktiven Schritt dar.

Denn im Alltag versäumen wir es oft, aus dem Erlebten unsere Lehren zu ziehen, etwas Neues zu lernen oder Früheres auf den aktuellen Stand zu bringen. Wenn wir beispielsweise entsprechend schlechte Erfahrungen gemacht haben, ist es verständlich, dass wir die Welt oder andere Menschen für prinzipiell schlecht und gefährlich halten. Situationen, die uns an schlimme Ereignisse von früher erinnern, können bei uns Angst auslösen, sobald wir nur in deren Nähe kommen (z. B. Hunde, Aufzüge, Autofahren, Männer/Frauen, Menschenmengen oder dunkle Gassen etc.). Manchmal genügt auch nur der Gedanke daran ...

Auch ineffektive Reaktionsweisen sind somit ein Produkt unseres Lernens. Sie können zu sehr stabilen Gewohnheiten verfestigt sein. Besonders schwierig wird es, wenn wir gelernt haben, dass bestimmte Verhaltensweisen kurzfristig Vorteile oder Erleichterungen mit sich bringen (auf lange Sicht der Schaden aber immer größer wird).

Carsten B., ein „eigentlich" erfolgreicher selbständiger Computerspezialist, war beruflich so stark unter Druck geraten, dass er über längere Zeit seine Post nicht mehr bearbeitete und auf eingehende Faxe oder e-mails nicht mehr antwortete. Er steckte einfach den „Kopf in den Sand", um Ruhe vor neuen Anforderungen zu haben. Diese Vermeidungsstrategie „funktionierte" ein halbes Jahr lang, bis ihm das Finanzamt wegen ausstehender Steuerschulden das Konto pfändete und er sich zwangsläufig um seine Angelegenheiten kümmern musste.

Susanne G. hatte im Elternhaus gelernt, dass sie ihre jüngeren Geschwister gut durch Schreien und Drohen einschüchtern konnte. Dasselbe Verhalten praktizierte sie später leider auch am Arbeitsplatz gegenüber ihren Kolleginnen, bis ihr deswegen die Kündigung drohte.

Ina U. hatte ihre Angst vor anderen Menschen lange Zeit dadurch gering zu halten versucht, dass sie immer mehr Kontakte vermied. Zuhause und allein ging es ihr ja deutlich besser. Aber nach ein paar Jahren war es ihr dann kaum mehr möglich, die eigene Wohnung zu verlassen.

Viele Dinge lernen wir nicht durch eigene Erfahrung, sondern durch Beobachtung anderer oder aus den Medien: So haben manche Menschen große Angst vor dem Fliegen, ohne jemals selbst schlimme Flugerlebnisse gemacht zu haben (viele Personen mit Flugangst haben noch nie ein Flugzeug betreten). Umgekehrt kann man sich auch positive Dinge von anderen abschauen: Menschen, die sich für andere einsetzen, sicher auftreten oder Mut zu neuen Unternehmungen zeigen, haben durchaus Vorbildcharakter.

Lernerfahrungen begleiten uns durch unser ganzes Leben: Negative Lernergebnisse belasten oder behindern uns, positive helfen uns dabei, wichtige Fähigkeiten („Kompetenzen") zu erwerben und lebenstüchtig zu sein. Jeder Mensch ist geprägt durch seine *bisherige* Lern- und Lebensgeschichte. Jeder Mensch lernt aber auch bis an sein Lebensende weiter – und dies ist der Punkt, den jede Verhaltenstherapie als *Chance* nutzt.

Die Verhaltenstherapie hilft bei Veränderungen und setzt neues Lernen in Gang

Zu Beginn einer Therapie ist meist der Punkt erreicht, an dem die bisherige Routine nicht mehr weiterhilft, wo alte Strategien scheitern, sich Sackgassen oder Hindernisse auftun und man sagt: „*So* geht es nicht mehr weiter!" Dann ist neues Lernen angesagt. Statt einer Fortführung der alten Verhaltensmuster geht es um die Frage: *„Was ab jetzt?"*

Um besser dazustehen, müssen Sie in der Regel bestimmte Verhaltensweisen, Einstellungen und Gefühle

- verlernen (und durch bessere ersetzen),
- umlernen,
- neu lernen oder
- dazulernen.

Oft lernen Sie auch, ihre bereits vorhandenen Stärken besser einzusetzen oder Blockaden zu überwinden, die eine Umsetzung „eigentlich vorhandener" Fertigkeiten verhindern (z. B. Ängste, Befürchtungen, schlechtes Gewissen etc.).

In der Verhaltenstherapie beschäftigen wir uns v. a. mit *zwei grundlegenden Arten von Lernzielen*, nämlich dem

1. Abbau von negativem Verhalten (z. B. bei Panik, Depressionen, Wut/Ärger, Aggression) und dem
2. Aufbau positiver Fähigkeiten (z. B. mit anderen leichter in Kontakt kommen, selbstsicher werden, sich entspannen lernen, sich etwas zutrauen, sinnvolle Aktivitäten finden und vieles mehr).

In jedem Fall ist aber eine *Veränderung* nötig, und die Verhaltenstherapie hilft dabei, das dazu erforderliche Lernen *in systematischer Weise* in Gang zu setzen und zu begleiten (s. Kap. 6).

Veränderung: Was heißt das eigentlich?

Im Alltag gehen uns gute Vorsätze und Änderungsabsichten mitunter recht lässig-locker über die Lippen. Vielleicht verführt uns manche Fernsehwerbung zu der Illusion, dass sich positive Zustände in unserem Leben quasi mühelos und „von allein" einstellen, falls wir sie nur intensiv genug wollen. Träume, Visionen vom Glück und vorweggenommene Gefühle der Freude, Befriedigung oder Begeisterung sind sicher wichtige Voraussetzungen, um Änderungen überhaupt auf den Weg zu bringen. Jedoch müssen wir normalerweise einige Opfer und Mühen auf uns nehmen, wenn wir die angestrebten Ziele wirklich erreichen wollen.

Jeder Wunsch nach Veränderung hat folglich ein paar „Pferdefüße", die Sie bedenken sollten, bevor Sie allzu leichtfertig gute Vorsätze bilden und sagen: „Ja, natürlich – das will ich ändern!"

1. Sich ändern heißt, alten Gewohnheiten den Kampf anzusagen

Veränderung bedeutet immer, ausgetretene Pfade zu verlassen und etwas *aufzugeben* (z. B. die bisherigen Routinen). Selbst wenn das alte Verhalten unbefriedigend oder belastend erscheint – es

ist „eingeschliffen", vertraut und deshalb leicht auszuführen. Etwas sehr Bekanntes und Geläufiges (oft über Jahre praktiziertes und automatisch ablaufendes Verhalten) muss also erst einmal unterbrochen/beendet werden.

2. Veränderung braucht Ziele, die zumindest eine grobe Orientierung über die Richtung der Veränderung geben

Veränderung heißt, sich in Richtung *neuer* SOLL-Zustände zu bewegen. Diese fehlen in vielen Fällen oder sind zumindest unklar (nach dem Motto: „*So* kann es nicht weitergehen, aber ich weiß noch überhaupt nicht, was stattdessen werden soll"). Folglich muss erst Orientierung gesucht werden. Manche Ziele erscheinen vielleicht in der Phantasie recht verlockend, weichen aber sehr von den bisherigen Gewohnheiten ab. So wird es eine Weile dauern, bis man neue Ziele gefunden hat.

3. Sich ändern ist anstrengend

Jede Veränderung kostet Mühe, denn einerseits ist es erst einmal notwendig, den altvertrauten Gewohnheiten zu widerstehen und sich stattdessen auf Neues einzulassen. Andererseits erfordern die *neuen* Strategien anfangs viel Konzentration, Aufmerksamkeit und Energie. Noch länger wird es brauchen, bis sich das Neue gefestigt hat und man damit zufrieden ist.

4. Bei Änderungsversuchen gibt es keine Vorab-Erfolgsgarantie, und diese Ungewissheit macht Angst

Was aus den geplanten Veränderungen tatsächlich werden wird, ist nie vollständig vorherzusehen und zunächst noch *ungewiss*. Wer sich verändert, geht immer ein gewisses Risiko ein. Dagegen sind selbst schlimme alte Verhaltensmuster voraussagbar und von ihren Resultaten her vertraut („Lieber die bekannte Hölle als der unbekannte Himmel!"). Wir Menschen scheinen leider nur begrenzt bereit zu sein, Unsicherheiten auszuhalten und uns auf Neues einzulassen. Dies dürfte mit der Grund sein für die *Angst vor Veränderung*, die wir häufig erleben.

Darüber hinaus ist es günstig, sich auf einige weitere Aspekte von Veränderungen einzustellen:

- Oft sind *beabsichtigte* Änderungen schwieriger zu schaffen als vom „Schicksal" *aufgezwungene:* So hatte Ute B. weniger Mühe damit, sich nach der Pleite ihrer Firma mit dem Verlust des Arbeitsplatzes abzufinden als freiwillig mit dem Rauchen aufzuhören.
- *Tief verwurzelte* Einstellungen, Gefühle und Verhaltensweisen, die bereits über Jahre unser Leben bestimmt haben oder schon seit unserer Kindheit bestehen, sind natürlich *schwieriger* zu ändern als relativ „junge" Abläufe: Johannes B. hatte in den 53 Jahren seines bisherigen Lebens die Haltung entwickelt: „Ich kann nichts, bin nichts, und werde nie etwas werden!" Dementsprechend war sein Leben von sozialem Rückzug und ängstlich-depressiven Stimmungen geprägt. Erst nach dem Tod seiner Mutter gelang es ihm, sich mit Hilfe seiner Verhaltenstherapeutin langsam selbst von gewissen Stärken und Fähigkeiten zu überzeugen, Woche für Woche mehr auf Leute zuzugehen und sich allmählich besser zu fühlen.
- *Zentrale, persönlich bedeutsame Aspekte* unserer Person sind *schwieriger* zu ändern als Dinge, die uns nur am Rande berühren: Fest verwurzelte soziale, politische oder religiöse Grundüberzeugungen oder andere Aspekte, die den „Kern" einer Person ausmachen, sind meist sehr widerstandsfähig gegen Veränderungen.

Von Absichtserklärungen zum tatsächlichen Tun zu gelangen: Die Verhaltenstherapie hilft Ihnen dabei

Außerdem dürfen wir die *Äußerung einer Absicht* („Ich will mich ändern! Ganz bestimmt – ab morgen!") nicht mit der Änderung selbst verwechseln: Der Weg vom guten Vorsatz zum Handeln ist steinig, und Absichtserklärungen sind lediglich *der erste Schritt* in die richtige Richtung. Wie der Begriff „*Silvestervorsatz*" treffend veranschaulicht, verpuffen viele Änderungsvorhaben schon am nächsten Tag (oder bei ersten auftauchenden Hindernissen). Die Verhaltenstherapie wird Sie deshalb bei Ihren Änderungsversuchen auf eine Weise unterstützen, die von Ihren bisher vergeblichen Alltagsbemühungen abweicht. Denn sie folgt den typischen Stufen, nach denen menschliche Veränderungen *erfolgreich* ablaufen. Und sie macht ihren Patienten deutlich, dass positive Veränderungen an bestimmte *Voraussetzungen* geknüpft sind: Therapieerfolg braucht Anstrengung und die Bereitschaft, alte Verhaltensmuster zu stoppen, positive Möglichkeiten des „Andersseins" zu erkunden, sich auf zunächst ungewisse Abläufe einzulassen und ein – manchmal turbulentes – Übergangsstadium solange durchzuhalten, bis die neuen Gewohnheiten gefestigt sind.

Die typischen Stufen menschlicher Veränderungsprozesse

Wollen, Wissen, Tun und *Beibehalten* – diese Schritte (in dieser Reihenfolge) beschreiben den *natürlichen Ablauf von Veränderungen* im Leben. Dazu ist nicht unbedingt eine Therapie erforderlich, denn Wandel gehört zu den normalen Dingen des Alltags. Die Abb. 1 haben wir allerdings gleich auf den Änderungsprozess der Verhaltenstherapie bezogen und dementsprechend um die *therapeutische Beziehung* (als *Basis* aller Schritte) ergänzt.

Auch in der Therapie durchläuft jeder *erfolgreiche* Änderungsprozess die Abfolge der angegebenen Schritte. Der Verhaltenstherapeut begleitet Sie bei Ihren Veränderungsversuchen, indem er z. B. darauf achtet, dass Sie mit dem *ersten* Schritt beginnen (und nicht mit dem dritten), dass sie die Schritte *nacheinander* gehen und den Veränderungsprozess *systematisch* durchlaufen (d. h. nicht vorschnell wieder aufgeben). Er kennt auch die Eigentümlichkeiten von Veränderungen, so dass sie mit seiner geduldigen Unterstützung rechnen können, selbst wenn es manchmal nur mühsam vorangeht. Zu den einzelnen Schritten wird er z. B. einige der nachfolgenden Aspekte und Fragen mit Ihnen klären.

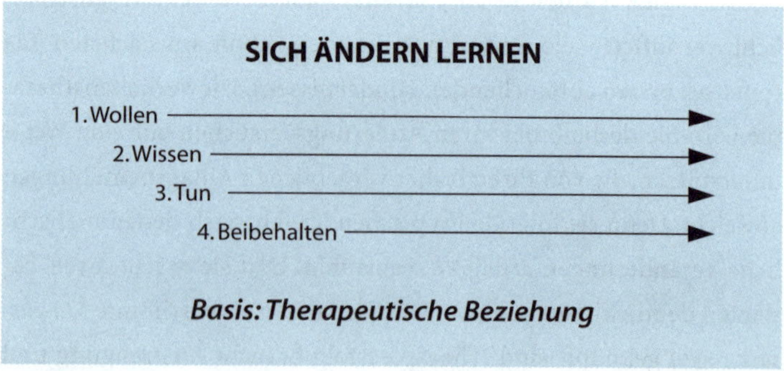

Abb. 1. Die typischen Schritte menschlicher Veränderungsprozesse

1. Wollen

Jede Veränderung muss *gewollt* werden, und so geht es zunächst einmal um das Klären der Beweggründe und das Fördern von *„Änderungsmotivation"*: Was genau veranlasst mich dazu, etwas anders haben zu wollen? Wo gibt es *Druck*, wo gibt es *Anreize* für Veränderung? Wo IST es nicht so, wie es für mich sein SOLLte? *Will* ich mich überhaupt ändern? *Muss* ich etwas ändern (ob ich will oder nicht)? Welche Visionen, Phantasien oder Träume habe ich, wenn die Änderungen erfolgreich sind? Was könnte ich gewinnen bei einer Änderung, was müsste ich investieren oder aufgeben? Wie werde ich danach besser dastehen? *Lohnt* sich die Änderung für mich? Kann ich die Kosten einer Änderung verringern? etc.

2. Wissen (als Schlüssel zum Handeln)

Wenn ich mich entschieden habe, *dass* ich etwas ändern will, muss ich wissen, was das genau ist und was ich *stattdessen* möchte: Weiß ich, was ich in meinem derzeitigen Leben konkret ändern möchte? ... Wo ich ansetzen werde? ... Was die Ursachen und Gründe sind, die die *bisherigen* Probleme aufrechterhalten? Habe ich schon konkrete Vorstellungen von den Zielen und der Richtung von Veränderungen? Weiß ich, was mir fehlt und was ich bräuchte? ... Wie/wo mein Leben anders/besser sein soll? ... Was ich tun muss, um mich meinen Zielvorstellungen anzunähern? ... Welche Hindernisse meinen Veränderungsversuchen im Weg stehen und wie ich diese umgehen/vermeiden/verkleinern kann? etc.

3. Tun

Noch so gut gemeinte Änderungsabsichten müssen *in praktisches Handeln umgesetzt* werden: Wie werde ich das am besten tun? Wann werde ich was auf welche Weise tun? Wo/Wie fange ich an? Was wäre der erste kleine Schritt? Welche Fähigkeiten fehlen mir dazu noch/ Was müsste ich erst noch lernen? Wer/was könnte mir dabei helfen? etc.

4. Beibehalten

Änderungen sind erst dann „vollständig", wenn sie stabil bleiben: Wenn ich mich verändert habe – was kann ich tun, um die Verbesserungen aufrechtzuerhalten? Worauf muss ich weiter achten? Welche neuen Strategien und Verhaltensweisen darf ich in Zukunft nicht aufgeben? Was könnte die Aufrechterhaltung schwer machen/in Gefahr bringen? Wie kann ich es schaffen, dem Rückfall in alte Gewohnheiten zu widerstehen? etc.

Ab dem Beginn der Verhaltenstherapie wird Sie der Therapeut darin unterstützen, Anreize für Veränderungen zu finden und eine entsprechende „Änderungsmotivation" aufzubauen (s. Kap. 6). Umgekehrt kann es sinnvoll sein, sich zuvor noch mit einigen „Fallen" zu beschäftigen, die das Umsetzen von Änderungsabsichten verhindern.

Wie Veränderungen leider nicht funktionieren

Viele, die sich ändern möchten, fragen sich enttäuscht: Warum schaffe ich es nicht von selbst? Ein Grund liegt sicher in der Tatsache, dass wir Menschen bei Problemen immer zu sehr in unserer eigenen Perspektive und in unseren Gefühlen gefangen sind. Statt konstruktiver Lösungen, Übernahme anderer Sichtweisen und entsprechend andersartigem Herangehen praktizieren wir ein „mehr desselben". Wir rennen „mit dem Kopf gegen die Wand" oder suchen nach Schlüsseln zum Erfolg nur dort, wo uns die Gegend bekannt und wo es für uns „hell" ist.

Der verlorene Schlüssel, oder „mehr desselben"

Unter einer Straßenlaterne steht ein Betrunkener und sucht und sucht. Ein Polizist kommt daher, fragt ihn, was er verloren habe, und der Mann antwortet: „Meinen Schlüssel". Nun suchen beide. Schließlich will der Polizist wissen, ob der Mann sicher ist, den Schlüssel gerade hier verloren zu haben, und jener antwortet: „Nein, nicht hier, sondern dort hinten – aber dort ist es viel zu finster".

Paul Watzlawick (1983, S. 27)

Wir laufen immer wieder in die gleichen Sackgassen und werden bei jedem missglückten Versuch frustrierter, depressiver, hilf- und hoffnungsloser. Unsere Lebenseinstellung bildet mit den *Rahmen*, innerhalb dessen eine Situation für uns zum „Problem" wird. Lösungen können oft nur dann gelingen, wenn wir es schaffen, diesen Rahmen zu verändern oder zu erweitern. Auch dazu ist eine Therapie sehr hilfreich, weil die Gespräche mit einem Therapeuten automatisch dazu führen, neue/andere Perspektiven zu finden.

Andere Änderungs- oder Problemlösebemühungen haben kurzfristig vielleicht sogar erleichternde Wirkung, sind aber langfristig erfolglos. Sie bringen oft beträchtliche *Spätschäden* mit sich. Beispielsweise sind sowohl aus der Forschung[1] als auch aus der therapeutischen Praxis folgende „Misserfolgsstrategien", Problemlösefehler oder Hindernisse bei Veränderungen bekannt.

Wie Probleme sich leider nicht lösen lassen

- ***Kopf-in-den-Sand-stecken:*** Wir tun so, als müsste sich nichts ändern, als wären keine Probleme da; wir ignorieren innere Warnsignale bzw. Rückmeldungen anderer und machen einfach weiter wie bisher.
- ***Abwarten / auf die lange Bank schieben:*** In diesem Fall gestehen wir zwar ein, dass Probleme vorhanden sind, tun aber (fälschlicherweise) so, als hätte eine Beschäftigung damit noch Zeit. Irgendwann einmal (meist, wenn es sehr viel schlimmer geworden ist) werden wir uns schon der Sache annehmen.
- ***Passiv bleiben und auf ein Wunder warten:*** Noch besser wäre es, wenn sich die Probleme bis dahin „in Luft aufgelöst" hätten – was manchmal zwar passieren kann, meist aber eine trügerische Hoffnung darstellt.
- ***Verantwortung an andere abgeben:*** Auch hier sehen wir zwar ein, dass eine Veränderung notwendig wäre – aber „das soll mal der Peter (die Sandra, die Eltern, das Amt, die Politik etc.) erledigen ...".

---

[1] Für eine vertiefende Lektüre ist z. B. zu empfehlen: Dörner, D. (1997). Die Logik des Mißlingens. Strategisches Denken in komplexen Situationen. Reinbek: Rowohlt. Ein anderes Buch gibt es unseres Wissens nur in englischer Sprache: Wheeler, D. D. & Janis, I. L. (1980). A practical guide for making decisions. New York: Free Press.

- ***Nichtstun (außer Jammern):*** Anstatt uns in kleinen Schritten auf Lösungen hinzubewegen (oder bestimmte Dinge als unabänderlich zu akzeptieren), klagen wir nur über unser Schicksal. Dann ist die daraus entstehende Zuwendung, der Trost oder das Mitgefühl anderer Leute wichtiger als tatsächliche Anstrengungen, den Missstand zu ändern.
- ***Auf Ziele verzichten:*** Eine andere Möglichkeit, sich das Leben schwer zu machen, besteht darin, sich von vornherein keine Ziele zu setzen und keine Pläne zu schmieden („Ich lasse das alles einfach auf mich zukommen …!"). Solange diese „spontane" Lebenshaltung funktioniert, ist nichts dagegen einzuwenden; spätestens bei *Problemen* aber wird es notwendig, sie aufzugeben und durch eine bessere zu ersetzen.
- ***Tatsachen ändern wollen:*** Einige Schwierigkeiten lassen sich darauf zurückführen, dass wir (ohne dies zu bemerken) objektiv unveränderliche Tatsachen zu ändern versuchen. Besonders deutlich wird dies bei unwiederbringlichen Verlusten („Ich tue alles, um die Scheidung von meiner Frau rückgängig zu machen …" oder „Wenn doch mein Mann noch am Leben wäre …") oder bei naiven Versuchen, dem natürlichen Alterungsprozess zu entfliehen und stattdessen dem „Jugendwahn" zu huldigen.
- ***Andere ändern wollen (statt sich selbst …).*** „Wenn mein Mann doch nur besser mit Geld umgehen könnte!" … „Meine Frau müsste einfach weniger eifersüchtig sein, dann wäre alles in Ordnung!" … „Mein Chef ist ein Ekel! Immer brüstet er sich mit Dingen, die *ich* für ihn produziert habe und tut so, als wäre das *sein* Verdienst!" Oft möchten wir, dass sich jemand *anders* ändert. So verständlich dieser Wunsch auch sein mag – andere Personen sind nicht zu steuern wie eine Marionette. Oft bleibt nichts anderes übrig als zu fragen: Kann *ich* überhaupt etwas tun, damit sich die andere Person in die von mir gewünschte Richtung verändert? Falls ja, sollte ich das versuchen. Falls nein, muss ich wohl oder übel die Grenzen meines Einflusses akzeptieren.
- ***„Erst, wenn es mir besser geht …":*** Manche Menschen möchten mit Veränderungen am liebsten solange warten, bis es ihnen

einmal wieder besser geht. Dabei wird übersehen, dass meist erst Veränderungen zu Verbesserungen führen. So lernte Daniela durch die Verhaltenstherapie, ihr Misstrauen gegenüber anderen Menschen zu überwinden, aktiv zu werden und Kontakte zu anderen Leuten zu finden. Erst *danach* ging es ihr dann langsam wieder besser.

- ***Mal hier, mal dort probieren:*** **Ab und zu werden wir bei Problemen zwar aktiv und versuchen Änderungen, gehen dabei aber unsystematisch vor oder beenden unsere Versuche, sobald es schwierig wird. Wir entfachen „blinden Aktionismus" und springen von einem Thema zum anderen, ohne je ein Änderungsprojekt wirklich „durchzuziehen" und zu Ende zu bringen.**

Haben Sie sich in der obigen Liste irgendwo wiedererkannt? Das wäre nicht weiter schlimm, denn bei allen Strategien handelt es sich um „menschliche" Haltungen, die sich v. a. dann zeigen können, wenn wir gefühlsmäßig sehr stark beteiligt sind. Auch Sören Kierkegaard hatte sich ja schon gewundert darüber, wie erfinderisch Menschen sind, um Entscheidungen aus dem Weg zu gehen. Schlimm wäre es allerdings, wenn Sie solche Muster – falls Sie sie bei sich entdecken – ab jetzt weiter fortsetzen. Denn sie *verhindern* ja dauerhafte Lösungen.

Wie Veränderungen leichter zu schaffen sind

Die Verhaltenstherapie erkundet neue Perspektiven, Ziele und Lösungswege

In der Verhaltenstherapie werden Sie u.a. Ihre bisherigen (vergeblichen) Änderungsbemühungen analysieren, um zu erkennen, welche Wege wohl auch in Zukunft „Sackgassen" darstellen. Die Therapiesituation hat den großen Vorteil, dass Sie nicht weiter in Ihren alten Emotionen, subjektiven Sichtweisen und erfolglosen Lösungsversuchen verharren müssen, sondern aktive Hilfestellung „von außen" erhalten. Dadurch lässt sich die Situation aus einer anderen Perspektive betrachten, und die oben geschilderten „Problemlösefallen" werden vermieden. Oft ergeben sich daraus von allein *andere Herangehensweisen* und *neue Lösungswege.*

Veränderungen beginnen allerdings „im Kopf". Sie sind erfahrungsgemäß dann leichter umzusetzen, wenn Sie

- für sich die unumstößliche Entscheidung treffen, dass Sie *so wie bisher nicht weitermachen* werden (Stop! Auf die Bremse treten), sondern etwas *ändern wollen,*
- trotz mancher Ängste und Bedenken eine *Haltung der Neugier entwickeln* (Anderes, Ungewöhnliches, Neuartiges an sich herankommen lassen und aus dem „Reichtum des Lebens" schöpfen),
- sich mit der *Möglichkeit des Andersseins* beschäftigen, *neue Träume träumen* und sich *Ziele setzen*, und
- Ihren ganzen Mut zusammen nehmen, um *die ausgetretenen Pfade* zu *verlassen* und *etwas Neues* zu *wagen.*

Wenn Sie merken, dass Sie – wie bei großen emotionalen Belastungen üblich – Veränderungen nicht alleine schaffen, können Sie unsere *Einladung zur Verhaltenstherapie* annehmen und sie als große Chance begreifen, um mit ihrer Hilfe etwas zu lernen und schwierige Bereiche Ihres Lebens zum Besseren zu wandeln. Dort werden Sie einerseits in einer verständnisvollen Atmosphäre „aufgefangen", andererseits erhalten Sie systematische Unterstützung auf eine Weise, dass Sie die Probleme *anders* lösen können als bisher.

Besser als tausend Worte beschreibt das Bild unserer Patientin Annika W. den Punkt der Entscheidung, an dem Sie bei Veränderungen stehen: „Ich war wie ein Vogel im Käfig. Jahrelang stand die Tür zwar offen, aber ich blieb auf meiner Stange sitzen. Mir fehlte einfach der Mut, hinauszufliegen in die unbekannte Freiheit. Dann begann ich die Verhaltenstherapie ..."

6 Verhaltenstherapie: Das praktische Vorgehen Schritt für Schritt

Laufen lernen:
Lieber auf neuen Wegen stolpern
als in den alten Bahnen auf der Stelle treten.

Ein Telefonat

Frau Z.: Ich habe gehört, dass eine Verhaltenstherapie für mich gut sein könnte. Sie sind ja Verhaltenstherapeut, und jetzt möchte ich gerne von Ihnen wissen, wie so etwas praktisch abläuft. Können Sie mir das kurz erklären?

Verhaltenstherapeut: Gerne. Ich weiß zwar noch nichts speziell von Ihnen, aber ich will versuchen, das *allgemeine* Vorgehen zu beschreiben, so dass Sie sich ein ungefähres Bild machen können. Also: Zu Beginn geht es eigentlich immer um *zweierlei*. Wir sprechen natürlich über die *Probleme und Beschwerden*, die Sie in Therapie führen, und auch Ihre *Ziele, Wünsche und Erwartungen* sind von großer Bedeutung. Es soll ja *anders* und vor allem *besser* werden als bisher. Genauso wichtig ist, dass sich zwischen uns erst einmal eine *Vertrauensbeziehung* entsteht und beide Seiten ihren Teil zum Gelingen der Therapie beitragen. Eine gute Zusammenarbeit ist ja die wichtigste Grundlage jeder Therapie.

Frau Z.: Ah ja. Aber wie kann ich denn wissen, dass Sie und ich zusammenpassen?

Verhaltenstherapeut Am Anfang haben Sie die Möglichkeit, sich in bis zu 5 Probesitzungen Ihren persönlichen Eindruck zu bilden – z. B. ob ich Sie und Ihre Anliegen verstehen kann, ob die Atmosphäre passt oder ob Sie Hoffnung bekommen, dass es positive Änderungen geben wird. Umgekehrt werde ich sehen, ob ich für Ihre Themen überhaupt zuständig bin, ob ich Ihnen weiterhelfen kann und ob Sie sich wirklich auf eine Verhaltenstherapie einlassen möchten. *Beide zusammen* werden wir die wichtigsten Themenkreise für die Therapie sondieren und nach günstigen *Ansatzpunkten* suchen. Dann würde ich Sie einladen, mit mir ein bisschen über verschiedene Möglichkeiten von *Veränderungen* nachzudenken und sich mit Ideen zu beschäftigen, wie Ihr Leben denn eigentlich werden sollte, damit Sie sagen können: Jetzt geht es mir wieder besser! Da sich ja bestimmt nicht alles ändern muss, blicken wir auch auf Vieles, was in Ihrem Leben in Ordnung ist und so bleiben kann. Außerdem müssen wir etwas Diagnostik betreiben und einen Therapieantrag bei der Krankenkasse stellen. Natürlich gebe ich Ihnen bei Bedarf noch weitere Informationen, spreche z. B. über den weiteren Ablauf der Therapie, deren Spielregeln, Dauer und Kosten.

Frau Z.: Und wenn es dann richtig losgeht?

Verhaltenstherapeut: Dann beginnt der Hauptteil der Therapie, das ist die eigentliche *Arbeitsphase*. Wir steigen ein bei Ihren Schwerpunkten, die Sie mit meiner Hilfe zum Positiven ändern möchten, und arbeiten ge-

	meinsam an den Problemen und deren Lösung. Wir befolgen dazu ein paar Schritte, die für das Problemlösen günstig sind. Auf diese Weise sind die notwendigen Veränderungen leichter zu schaffen, und Sie lernen vieles, was Sie brauchen, um wieder besser leben zu können.
Frau Z.:	Welche Schritte sind das? Das möchte ich gerne noch genauer wissen …
Verhaltenstherapeut:	Gut – im Kern sind es fünf Schritte, die wir bei jedem Problem gemeinsam gehen: Als erstes klären wir den IST-Zustand, d. h. was eigentlich genau los ist und was das Ganze aufrechterhält. Als zweites suchen wir nach Zielen und Alternativen: Wie soll es denn stattdessen sein oder werden? Als drittes suchen wir nach Lösungen, also nach Wegen vom IST zum SOLL. Danach – das ist der vierte Schritt – werden die Lösungsschritte *umgesetzt*. Und fünftens schließlich beurteilen wir gemeinsam, ob der Weg erfolgreich war, ob Sie so weitermachen können oder ob wir etwas anders machen müssen. Diese Schritte werden wir für jedes Ihrer Themen durchlaufen.
Frau Z.:	Klingt plausibel. Wir werden aber ja nicht ewig Therapie machen. Wie hört so eine Verhaltenstherapie denn wieder auf?
Verhaltenstherapeut:	Nun, wenn Sie mit Ihren erzielten Verbesserungen zufrieden sind, beginnt sozusagen die *Endphase* der Therapie. Da versuchen wir noch, die Veränderungen stabil zu halten. Wahrscheinlich brauchen wir uns dann auch nicht mehr allwöchentlich zu treffen, sondern es genügt alle 14 Tage oder vielleicht einmal im Monat. Schließlich brauchen Sie meine Hilfe überhaupt nicht mehr und können wieder gut *ohne* die Therapie leben.
Frau Z.:	Interessant. Ich glaube, ich habe mich schon entschieden – das möchte ich machen.

Verhaltenstherapeut: Gut, dann sollten wir noch ein paar andere wichtige Dinge besprechen, die ich wissen müsste, bevor wir anfangen.

(Gespräch setzt sich fort mit Klärung der Anmeldungsgründe, Besprechung organisatorischer Fragen, Aufnahme persönlicher Daten, Vereinbarung eines Erstkontakts usw.)

Was das obige Telefongespräch in *Kurzform* beinhaltete, möchten wir in diesem Kapitel ausführlich beschreiben. Wie sieht das praktische Vorgehen bei einer Verhaltenstherapie aus – Schritt für Schritt? Ein Blick auf die Abb. 2 zeigt, dass es – zeitlich betrachtet – drei Abschnitte („Phasen") gibt, von denen die mittlere den Hauptteil jeder Therapie ausmacht. Ganz unten ist das „Fundament" jeder guten Therapie zu sehen, nämlich als Grundlage Nr. 1 die *vertrauensvolle Arbeitsbeziehung*, und als Grundlage Nr. 2 die *aktive Mitarbeit* von Patienten. Beides wird in der Anfangsphase langsam aufgebaut, um den Änderungsprozess im Hauptteil gut bewerkstelligen zu können. Dort geht

Abb. 2. Die wichtigsten Phasen einer Verhaltenstherapie

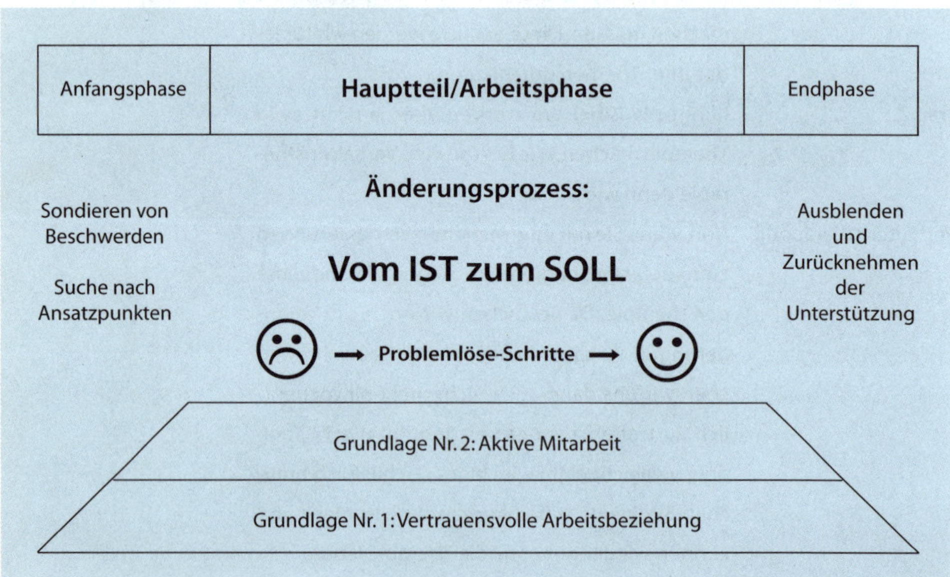

es über einen längeren Zeitraum darum, mit Hilfe unserer Problemlöseschritte von ☹ nach ☺ (also vom IST zum SOLL) zu gelangen.

Die Anfangsphase: Wer ernten will, muss vorher säen

Erste Weichenstellungen

Den Boden für eine effektive Therapie bereiten

Basis: Vertrauensvolle Arbeitsbeziehung. Mit einer guten Therapie ist es wie mit einer guten Ernte: Zunächst muss der Boden bereitet und die Saat ausgesät werden. Deshalb bemüht sich der Therapeut, Ihnen den Kontakt zu erleichtern, eine positive Atmosphäre herzustellen und sich so gut wie möglich in Ihre Perspektive, emotionale Lage und Lebenssituation hineinzuversetzen. Eine *gute Zusammenarbeit* ist die Grundlage Nr. 1 für jede erfolgversprechende Therapie. Dazu gibt es für beide Seiten ein paar „*Spielregeln*", die wir ein paar Abschnitte weiter ausführlich beschreiben.

Erstes Sondieren von Problembereichen

Worum soll es in der Therapie gehen? Inhaltlich wird Ihr Therapeut natürlich beginnen, mit Ihnen die wichtigsten *Beschwerden und Probleme* zu sondieren, denn deshalb sind Sie ja in die Therapie gekommen. Er wird sich aber auch dafür interessieren, welche *Ziele und Wünsche* Sie haben, was Sie in der Vergangenheit schon alles schaffen konnten, welche Lebensbereiche für Sie in Ordnung sind, welche Talente Sie mitbringen und was andere (Freunde, Bekannte, Partner etc.) an Ihnen schätzen. Falls Sie zu Beginn noch nicht genau wissen, was Ihre Hauptprobleme oder Ziele sind – macht nichts: Die *Klärung* solcher Fragen kann oft die erste wichtige gemeinsame Aufgabe von Therapeut und Patient sein und ein paar Sitzungen in Anspruch nehmen. Denn Änderungen werden Sie erst dann in Angriff nehmen, wenn Sie sie wirklich *wollen*.

Möglichkeiten und Grenzen einer Therapie

Möglichkeiten und Grenzen besprechen. Durch die frühzeitige offene Diskussion von Erwartungen, Möglichkeiten und Grenzen möchten wir Missverständnisse oder Fehlannahmen aus dem Weg räumen. Denn in Fernsehberichten, Filmen, Zeitschriften oder Büchern kursieren manchmal noch sehr abenteuerliche Ideen von Therapie. Es ist eben *nicht* richtig, dass der Therapeut Gedanken lesen kann, geheimnisvolle Kräfte besitzt oder alle Antworten hat und Ihnen sagt, was zu tun ist. Die Lösung Ihrer Probleme liegt auch nicht tief in Ihrem Unbewussten verborgen, um dort nur entdeckt oder hervorgeholt zu werden. Ihr Therapeut ist zudem keineswegs der „liebe Gott", sondern ein gut ausgebildeter professioneller Helfer, der Sie bei Ihren künftigen Lernschritten optimal zu begleiten versucht.

Einerseits sind Ihre Hoffnungen und Wünsche an die Therapie, Ihre Vorstellungen vom Ablauf und den jeweiligen Beiträgen von Therapeut und Patient von großem Interesse. Umgekehrt erhalten Sie Informationen darüber, welche Erwartungen der Therapeut erfüllen kann (und welche nicht) und was auf Sie während der Therapie tatsächlich zukommen wird: So bedeutet Therapie ja immer *Veränderung!* Und deshalb müssen wir uns damit beschäftigen, was das in ihrem speziellen Fall alles heißen kann – denn: Auch wer z. B. Schwimmen lernen möchte, muss früher oder später ins Wasser gehen (selbst wenn er zunächst davor Angst hat). Umgekehrt wird es manchmal notwendig sein, die „Realität" besser zu erkennen und z. B. zu akzeptieren, dass „Tatsachen" nicht verändert werden können. Auch utopische Wünsche wird Ihr Therapeut nicht mit verfolgen. Stattdessen unterstützt er Sie dabei, erreichbare Ziele anzusteuern und Ihre Energien auf die Lösung prinzipiell änderbarer Probleme zu konzentrieren.

Die ersten Weichen werden gestellt

Erste Entscheidungen. Außerdem fallen in der Anfangsphase erste gemeinsame *Entscheidungen über vorrangige Themenbereiche* der Arbeit: Wo fangen wir an? Sollen wir z. B. bei Barbara G. zuerst ihre Ängste am Arbeitsplatz bearbeiten und dann die Partnerschaftskonflikte – oder lieber umgekehrt? Gerade bei vielschichtigen und verwickelten Problemstellungen lässt sich nicht alles auf einmal angehen: Notgedrungen werden bestimmte Themen zur „Figur" und andere zum „Hintergrund". Auch ist häufig noch offen, *mit wem* am besten gearbeitet wird und wer sich sonst noch an der Therapie beteiligen sollte. Wir lassen uns da meist von der Frage leiten: Wer kann und möchte etwas zur *Besserung* der Schwierigkeiten beitragen?

Weitere Entscheidungen betreffen die Art möglicher Hilfsangebote: Ist Einzel- oder Gruppentherapie günstiger? Geht es ambulant oder muss ein stationärer Aufenthalt in einer Klinik sein? Welche anderen Helfer/Einrichtungen können zur Unterstützung beitragen (Sozialarbeiter, Arbeitsamt oder dergleichen)?

Bei bestimmten Störungen sind noch diagnostische Abklärungen sinnvoll. Fragebögen, Beobachtungsaufgaben oder psychodiagnostische Verfahren können hier angezeigt sein – natürlich immer mit Erläuterung und Begründung (sowie mit Ihrem Einverständnis). Bei allen *körperlichen* Beschwerden ist sowieso eine *medizinische Untersuchung* erforderlich – am besten noch *vor* Beginn der eigentlichen Psychotherapie.

Falls sich erst im persönlichen Kontakt herausstellen sollte, dass Sie bei anderen Kollegen oder Einrichtungen besser aufgehoben wären, wäre eine Weiterverweisung möglich.

Probesitzungen und Erstkontakt

Mögliche Inhalte der 5 Probesitzungen

Wie ist das mit den „Probesitzungen"? Normalerweise stehen am Anfang einer (kassenfinanzierten) Verhaltenstherapie bis zu 5 Probesitzungen. Sie müssen also nicht die „Katze im Sack" kaufen, sondern können in Ruhe prüfen, ob der Therapeut für Sie und Ihre Anliegen zuständig und kompetent ist, ob Sie das nötige Vertrauen finden und mit ihm gut zusammenarbeiten können. Umgekehrt wird sich auch der Therapeut sein Urteil bilden. Er muss darüber hinaus die ersten Stunden nutzen, um einige formale und organisatorische Dinge zu regeln (z.B. Therapieantrag bei der Krankenkasse stellen, Befunde sichten oder diagnostische Untersuchungen veranlassen).

Um sich und dem Therapeuten unnötige Umwege zu ersparen, sollten Sie offen und ehrlich sein, wenn Sie das Gefühl haben, dass es aus fachlichen oder persönlichen Gründen mit Ihnen beiden nicht harmoniert. Andererseits sollten Sie sich Zeit lassen, um über den allerersten Eindruck hinaus *anhand der tatsächlichen Erfahrungen in mehreren Probesitzungen* über die Fortsetzung der Behandlung zu entscheiden.

Wie verläuft ein Erstkontakt? Nach der allerersten (meist telefonischen) Kontaktaufnahme kommt der erste „richtige" Termin. Es ist ganz normal, wenn Sie beim Erstkontakt (oder schon vorher) ein mulmiges Gefühl verspüren, angespannt oder nervös sind oder Ihnen „irgendwie komisch" zumute ist. Schließlich sind Sie gerade dabei, sich für eine sehr bedeutsame Angelegenheit in Ihrem Leben zu entscheiden, sprechen möglicherweise zum ersten Mal mit einer außenstehenden Person über sehr persönliche und emotional belastende Dinge, hoffen dabei auf angemessene Hilfe und Unterstützung – und wissen andererseits nicht so genau, was und wer auf Sie zukommt.

Die Hauptziele im Erstkontakt

Der Erstkontakt dient in erster Linie 3 Hauptzielen:

1) Therapeut und Patient können auf eine noch relativ unverbindliche Weise *Kontakt aufnehmen*. Anhand Ihrer Schilderungen wird der Therapeut versuchen, Sie und Ihre Lebenslage zu verstehen und einen Eindruck zu gewinnen, ob er Ihnen bei Ihren Anliegen wirklich helfen kann. Deshalb sind
2) viele *Informationen* nötig, um wichtige Beschwerden, Themenbereiche und Aufgaben „einzukreisen", die in der Therapie bearbeitet werden sollen. Der Therapeut kann dann auch leichter einschätzen, was Sie brauchen und welche Methoden dafür hilfreich sein könnten. Außerdem geht es noch um das Besprechen von
3) *organisatorischen Fragen und prinzipiellen Abläufen/Spielregeln* der Therapie, deren frühzeitige Klärung ebenfalls zu positiven Weichenstellungen beiträgt.

***Konkret* können Sie im Erstkontakt damit rechnen, dass der Therapeut ...**

- **wissen möchte, *weswegen* Sie hauptsächlich in Therapie kommen, *weshalb gerade jetzt* bzw. *weshalb speziell zu ihm*,**
- **Sie fragen wird, ob Sie *freiwillig* zu ihm kommen oder ob *andere* Personen Ihnen die Therapie empfohlen oder sogar aufgezwungen haben,**
- **viele objektive Angaben über Sie und ihre Lebenssituation erfahren will (Alter, Ausbildung, Beruf, Familienstand, bisherige Entwicklung und vieles mehr),**
- **Sie fragt, seit wann die Schwierigkeiten bestehen und was sie schon alles an Behandlungsversuchen hinter sich haben,**

- **Ihre wichtigsten Beschwerden und Erwartungen wissen möchte und mit Ihnen erste Themenbereiche und Lernziele für die Therapie festzulegen versucht,**
- **Sie fragt, wie Sie sich Ihr Leben *künftig* vorstellen (wenn es die Probleme also nicht mehr gäbe),**
- **Ihre Aufmerksamkeit auch auf positive Seiten, Stärken, Talente und Hobbies lenkt,**
- **Sie um Informationen bittet, mit deren Hilfe er entscheiden kann, ob ...**
  - **er für Ihre Anliegen zuständig/kompetent ist,**
  - **bestimmte diagnostische oder medizinische Untersuchungen oder medikamentöse Begleitung notwendig sind,**
  - **eine *ambulante* Therapie möglich ist (oder vielleicht ein Aufenthalt in einer Klinik/Spezialeinrichtung besser wäre),**
  - **weitere Berufsgruppen oder Institutionen einbezogen werden müssten,**
  - **andere Dienstleistungen Vorrang hätten (z. B. dauerhafte Lebensbegleitung, akute Krisenhilfe, betreutes Wohnen etc.) oder**
  - **andere Personen aus Ihrem Umfeld (Partner, Eltern, Kinder, Betreuer) mitkommen sollten.**

Insgesamt wird der Verhaltenstherapeut einerseits viel Verständnis und Interesse zeigen, andererseits aber manches auf eine Weise ansprechen, dass neue, andersartige Sichtweisen und Lösungen in Gang kommen (siehe unten). Außerdem gibt er Ihnen einige Informationen zu typischen Abläufen der Therapie (wie sie hier in unserem Buch geschildert werden).

Die meisten Patienten fühlen sich nach dem Erstkontakt deutlich erleichtert. Auch wenn dort einige Weichenstellungen vorgenommen werden, dürfen wir seine Wichtigkeit nicht überbetonen. Es macht daher nichts, wenn bestimmte Dinge noch nicht oder nur sehr kurz zur Sprache kommen oder irgendetwas „vergessen" wurde. Wir wissen, dass sich bei einer guten Therapie die „wirklich" bedeutsamen Themen im Verlauf der Zeit sowieso irgendwie „melden". Im Normalfall folgen nach dem Erstgespräch ja noch viele weitere Stunden. Dafür kann es hilfreich sein, fragens- oder berichtenswerte Dinge für die Therapie während der Woche kurz schriftlich festzuhalten, um sie beim nächsten Termin besprechen zu können.

Beziehungsaufbau: Die Rollen von Therapeut und Patient

Die gesamte Anfangsphase der Therapie dient dazu, die Rollen von Therapeut und Patient zu klären und realistische Erwartungen aufzubauen. Da sich eine therapeutische Beziehung von alltäglichen Sozialkontakten oder anderen Dienstleistungsbeziehungen unterscheidet, möchten wir hier deutlich machen, was Sie von Ihrem Verhaltenstherapeuten erwarten dürfen.

Unterschiede zwischen der therapeutischen Beziehung und Alltagskontakten

Was ist bei Therapie anders als bei sozialen Kontakten im Alltag? Die „Spielregeln" der therapeutischen Zusammenarbeit sind nicht willkürlich festgelegt, sondern haben sich als *unabdingbar notwendig* herausgestellt, wenn Ihre Therapie ein Erfolg werden soll. Sie weichen allerdings von manchen Abläufen ab, die Sie aus dem Alltag gewohnt sind. Dort können Sozialkontakte nämlich überall und zu jeder Zeit stattfinden. Sie sind freundschaftlicher Natur und von gegenseitigen persönlichen Interessen abhängig, verlaufen spontan je nach den momentanen Launen und Emotionen der Beteiligten und sind meist Selbstzweck („Nett, mich mit Dir zu unterhalten"). Sie können die gesamte Bandbreite von oberflächlichen Kontakten bis hin zu Beziehungen mit hoher psychischer und physischer Intimität umfassen.

Kennzeichen therapeutischer Kontakte

- Sie sind bezüglich Ort und Zeit sowie Häufigkeit der Kontakte klar geregelt,
- sie sind *professioneller* Natur; das Hauptinteresse des Therapeuten liegt darin, den Patienten bei der Verbesserung ihres Lebensalltags zu helfen, also Fortschritte und Veränderungen in Gang zu setzen,
- sie sind problem- und zielorientiert, immer *Mittel zum Zweck* und verfolgen *systematisch* bestimmte diagnostisch-therapeutische Absichten für das Leben „draußen",

- **sie haben immer die Patienten mit ihren Problemen und Zielen im Mittelpunkt,**
- **sie sind eine *Dienstleistungsbeziehung* (die geregelt abläuft und auch *bezahlt* werden muss) und**
- **sie haben klare Grenzen für körperliche Nähe oder Intimität; dafür entsteht häufig eine große emotionale Beteiligung und *psychische* Intimität.**

Für den Therapieerfolg ist es von entscheidender Bedeutung, Alltags- und Therapiekontakte nicht zu vermischen und die speziellen Vorgaben (und Grenzen) der *therapeutischen Beziehung* zu beachten.

Darüber hinaus gibt es wesentliche Unterschiede zu sonstigen aus dem Alltag bekannten Dienstleistungsbeziehungen unserer Gesellschaft: So ist es völlig in Ordnung, einen Steuerberater, die chemische Reinigung oder eine Autowerkstatt aufzusuchen und zu verlangen, dass die dort Beschäftigten *für Sie* aktiv werden. Schließlich zahlen Sie auch dafür, dass man Ihnen lästige, ungewohnte oder Sie überfordernde Tätigkeiten *abnimmt* (und die Anbieter werben meist damit, dass sie alles tadellos für Sie erledigen). Bei einer Verhaltenstherapie jedoch ist viel *aktive Mitarbeit und Eigeninitiative* der Patienten erforderlich, damit im Verlauf der Zusammenarbeit erfolgreiche Änderungen möglich werden.

Der Therapeut als professioneller Helfer

Die Rolle des Therapeuten: Was kann ich von ihm erwarten (und was nicht)? Verhaltenstherapeuten sind keine Übermenschen oder unfehlbaren Experten, die immer wissen, was für ihre Patienten gut ist. Sie zeigen auch nicht nach Art eines Bergführers oder gar eines „Gurus" den „rechten Weg", sondern sind *professionelle Helfer* und *wohlwollende Begleiter* der Patienten. Verhaltenstherapeuten verstehen sich als *Entwicklungshelfer für positive Veränderungen*. Sie vermitteln ihren Patienten *Fertigkeiten zur Lebensbewältigung und Selbststeuerung*. Ähnlich wie ein Fahrlehrer stehen sie Menschen beim Erlernen konstruktiver Fähigkeiten beiseite, regen Lernprozesse und neue Lösungen an und helfen beim Beseitigen von Hindernissen, die dem alltäglichen Wohlbefinden im Wege stehen (z.B. Ängste, Depressionen, negative Lebenseinstellungen usw.). Sie geben auch

Anstöße und Anregungen, mit denen Patienten Ziele, Werte und Orientierung für ihr Leben finden können. Nach erfolgreich umgesetzter Lernbegleitung versuchen sie sich wieder zu verabschieden.

> **Wer anderen einen Fisch schenkt, gibt ihnen zu essen für einen Tag.**
> **Wer sie das Fischen lehrt, gibt ihnen zu essen ein Leben lang.**
> **Chinesisches Sprichwort**

Zu Beginn der Therapie ist es meist notwendig, dass der Therapeut intensivere Anleitung und Unterstützung gibt. Allmählich überträgt er den Patienten dann mehr Verantwortung und nimmt im Zuge ihrer Fortschritte seine Hilfestellungen wieder zurück. Auf diese Weise durchlaufen Patienten einen „Abnabelungsprozess": Sie können sich und ihr Leben immer besser selbst steuern, während der Therapeut langsam überflüssig wird.

Im Einzelnen können Sie folgendes von Ihrem Verhaltenstherapeuten erwarten:

- ***Eine ruhige, vertrauensvolle, respektierende Atmosphäre,*** **in der Sie alles äußern und diskutieren können, was Sie beschäftigt bzw. was geschehen ist. Diese geschützte Form von Beziehung führt in der Regel dazu, dass sich Ihre Ängste und Spannungen schon während der ersten Sitzungen deutlich verringern.**
- ***Aufklärung, Information, Mitsprache und Mitbeteiligung:*** **Sie erhalten Informationen über alle wichtigen Aspekte der Therapie (z. B. darüber, warum und wie Änderungen geplant und durchgeführt werden) und erleben, dass Ihre Meinungen, Ziele und Interessen berücksichtigt werden und der Therapeut „mit offenen Karten spielt". Auf diese Weise sind Sie als „mündiger Patient" in der Lage, mit zu entscheiden.**
- ***Professionelle Arbeitsbeziehung:*** **Die Unterstützung Ihres Therapeuten läuft im Rahmen einer *professionellen* Zusammenarbeit ab: Therapie ist ja „Mittel zum Zweck", und so geht es immer um die Arbeit an Ihren Problemen, Zielen und neuen/andersartigen Lösungswegen. Der Therapeut nimmt eine möglichst objektiv-**

neutrale Außenposition ein und hilft Ihnen mit einer Mischung aus Herausforderung und Unterstützung („Fördern und Fordern") dabei, Neues zu lernen.
- ***Arbeit in Einklang mit beruflichen Richtlinien:*** Der Therapeut ist verpflichtet, sich an geltende Spielregeln seines Berufsstands zu halten (er hat z. B. absolute Schweigepflicht bezüglich der Gesprächsinhalte und persönlichen Daten).
- ***Hilfe beim Problemlösen und Sich-Verändern:*** Der Verhaltenstherapeut versteht sich als Problemlösehelfer und Änderungsassistent. Er gibt Ihnen Anleitungen, wie man Probleme definiert und löst (oder deren Begleiterscheinungen wie z. B. negative Gefühle mindert). Er hilft beim Formulieren realistischer Therapie- und Lebensziele, beim Suchen neuer Wege sowie beim Beseitigen von Hindernissen, die derzeit noch dazwischen stehen. Er ist Lernbegleiter, gibt Anstöße/Anregungen für Veränderungen und orientiert sich an den „Sechs Mottos für Verhaltenstherapie-Patienten und ihre Therapeuten" (s. Kap. 5).
- ***Fachkompetenz:*** Aufgrund seiner Ausbildung, Weiterbildung und Praxiserfahrung arbeitet der Verhaltenstherapeut auf dem aktuellen Stand seiner Zunft. Er übernimmt Verantwortung für den Ablauf und die fachlich „korrekten" Schritte zum rechten Zeitpunkt. Um die Qualität seines Tuns auf Dauer zu sichern, ist er zu stetiger Fort- und Weiterbildung und Supervision der eigenen Tätigkeit verpflichtet.

Der Verhaltenstherapeut braucht sich nicht nur auf seine unmittelbaren persönlichen Erfahrungen verlassen. Er kann z. B. Depressionen, Ängste oder Süchte behandeln, ohne dass er selbst solche gehabt haben müsste. Auch von einem Chirurgen wird ja niemand verlangen, dass er alle Operationen, die er als Spezialist bei seinen Patienten durchführt, bereits selbst über sich hat ergehen lassen – wichtig ist, dass er mit der Prozedur vertraut ist und sein Handwerk versteht. Durch seine intensive Ausbildung, seine Berufserfahrung sowie die Anwendung der wissenschaftlichen Erkenntnisse seiner Fachrichtung bringt der Therapeut das nötige Wissen und Können mit, um seinen Patienten zu vermitteln, wie man Lebensprobleme löst und mit psychischen Schwierigkeiten besser umgeht.

Grenzen therapeutischer Kontakte

Sie werden allerdings *nicht* erwarten können, dass der Therapeut sich rund um die Uhr um Sie kümmert, dass Kontakte außerhalb der festgelegten Sprechzeiten stattfinden, Sie den Therapeuten jederzeit telefonisch oder persönlich erreichen können oder der Therapeut *für Sie* bei anderen Personen aktiv wird. Er kann auch nicht zaubern, Patentrezepte geben, Vater/Mutter, Lebenspartner oder Richter spielen, in Ihrem Auftrag andere (oder die ganze Welt) ändern, Ihnen die Probleme abnehmen oder Dinge stellvertretend für Sie erledigen. Die professionelle Gestaltung der therapeutischen Rolle hat also auch *Grenzen*, die von *beiden* Seiten eingehalten werden müssen, damit die Therapie gelingt.

Erwartungen an Patienten

Meine eigene Rolle: Was wird von mir erwartet? Neben den „Spielregeln" für Therapeuten gibt es auch solche für Patienten.

Dementsprechend erwartet ein Verhaltenstherapeut von Ihnen u.a., dass Sie …

- ***im Gespräch möglichst offen und ehrlich Auskunft geben,*** **über Ihre Schwierigkeiten, Gefühle, Gedanken und Handlungsweisen sprechen, Ihre Lerngeschichte/Vergangenheit sowie Ziele/Wünsche für die Zukunft mitteilen usw.,**
- ***aktiv mitarbeiten,*** **Beobachtungen/Selbstbeobachtungen oder kleine Aufgaben/Hausaufgaben durchführen, bestimmte Dinge ausprobieren oder üben, neue Erfahrungen machen und reflektieren, Termine pünktlich und regelmäßig wahrnehmen usw.,**
- **bereit sind, bestimmte** ***eigene Einstellungen, Lebenshaltungen, Motive/Interessen und Verhaltensmuster*** **zu** ***analysieren*** **und zu** ***hinterfragen,***
- **die** ***Therapie ernst nehmen*** **und sich auch** ***im Alltag*** **dafür die nötige** ***Zeit reservieren,***
- **allmählich** ***vom Reden zum Handeln kommen*** **(insbesondere was** ***Veränderungen*** **betrifft),**
- ***auch zwischen den Sitzungen an Veränderungen arbeiten*** **(z.B. im Alltag mit neuen Verhaltensweisen und Einstellungen**

experimentieren, bestimmte Schritte ausprobieren, die Konsequenzen bestimmter Entscheidungen tragen usw.),

- **Ihre *Aufmerksamkeit* mehr auf die *Zukunft* als auf die Vergangenheit, mehr auf *Lösungen* als auf Probleme und mehr auf *Stärken* als auf Fehler lenken,**
- **vom Therapeuten *keine Wunder* und *nichts Unmögliches verlangen,***
- **möglichst *jeden kleinen Schritt auf dem Weg zum Erfolg würdigen* (denn: „Der Fortschritt ist eine Schnecke"),**
- ***Fragen stellen,* wenn Ihnen etwas unklar ist.**

Viele weitere Aspekte sind in Kap. 7 („Was ich als Patient zum Gelingen meiner Therapie beitragen kann") ausführlicher beschrieben.

Neben diesen *allgemeinen* Spielregeln, die für Ihre Rolle als Patient gelten, wird Ihr Verhaltenstherapeut Sie darin unterstützen, allmählich wieder eine aktive Einstellung zum Leben einzunehmen und die eigenen Gestaltungsmöglichkeiten zu nutzen – natürlich innerhalb der Grenzen, die es für uns Menschen immer gibt.

Auf dem Weg zu einer aktiven Lebenshaltung

Welche Einflussmöglichkeiten habe ich? Oft kommt es vor, dass jemand zu Beginn der Therapie ganz verzweifelt ist und sagt: „Helfen Sie mir – ich habe doch schon alles versucht!" Der Verhaltenstherapeut wird diesen Standpunkt akzeptieren und trotzdem – oft in ganz kleinen Schritten – seine Patienten bitten, mit ihm nach *neuen* Perspektiven, *andersartigen* Lösungen und *aktiven Möglichkeiten der Einflussnahme* zu suchen:

Achim B. (41) kam in Therapie, nachdem seine Mutter gestorben war, die ihn bis zu ihrem Tod umsorgt und ihm alles abgenommen hatte. Am liebsten hätte er dasselbe auch von seiner Therapeutin erhalten, und er musste in der Therapie einen langen und mühevollen Weg gehen, um zu lernen, allmählich für sich selbst die Verantwortung zu übernehmen: „Anfangs war es für mich schon äußerst ungewohnt, dass die Therapeutin sich weigerte, für mich so etwas wie die umsorgende Mutter zu spielen. Das wäre sicher – auf den ersten Blick zumindest – der einfachere Weg für mich gewesen. Aber dann merkte ich, dass ich mich selbst um *meinen* Weg bemühen muss. Sehr geholfen hat mir die Geduld und Unterstützung der Therapeutin bei meiner Suche nach neuen Möglichkeiten. Sie verstand mich und meine Lage, führte mich schrittweise zu neuen Lernerfahrungen, ließ mich selbst aktiv werden und gab mir immer wieder Anregungen, Anstöße und emotionale Rückendeckung in dieser für mich schweren Zeit."

Herr B. machte die Erfahrung, dass Verhaltenstherapie eine „unbequeme" Therapie sein kann – vor allem für Leute, die zunächst mit der Erwartung in die Sitzungen kommen, es genüge, passiv zu bleiben und nur über seine Probleme zu sprechen. Mit Reden allein (oder gar nur mit dem „Jammern" über die schlechte Welt oder das Schicksal) hat noch niemand Lebensprobleme gelöst. Verhaltenstherapeuten werden Sie deshalb anhalten, sich immer wieder die Frage zu stellen: „Was kann ich – trotz allem, was ich hinter mir habe – ab jetzt in kleinen Schritten tun, um meine derzeitige Lebenssituation zumindest ein klein wenig zu verbessern?"

Der Himmel hilft niemals denen, die nicht handeln wollen.
Sophokles

Umgekehrt macht es wenig Sinn, Energien in Änderungsversuche zu stecken, die feststehende Tatsachen oder unerreichbare Utopien betreffen. Das Erleben der „Realität" und das Erkennen von Grenzen gehört somit auch zu den unverzichtbaren Bestandteilen einer Therapie – immer aber gepaart mit der aktiven Suche nach neuen, noch nicht umgesetzten Handlungsmöglichkeiten.

Aktive Mitarbeit in der Therapie: Eine Sache der Motivation?

Neben der Beziehung (als Grundlage Nr. 1) stellt die *aktive Mitarbeit von Patienten* die zweite wesentliche Grundlage jeder erfolgreichen Therapie dar. Wovon hängt sie ab? Wie lässt sie sich fördern? Hat es etwas mit „Motivation" zu tun? Oder damit, ob jemand überhaupt Veränderungen möchte und den Anfangsschritt dafür gehen muss (Wollen!), wenn es klappen soll?

Ziel: Positive Motivation aufbauen

Zauberwort „Motivation". Veränderungen wollen ist ja die erste Voraussetzung für den Erfolg. Wenn Menschen alle Hebel in Bewegung setzen, um etwas zu erreichen, wenn sie viele Energien mobilisieren, sich anstrengen, Hindernisse aus dem Weg räumen, Entbehrungen in Kauf nehmen oder alles tun, um etwas Bestimmtes zu schaffen, sprechen wir davon, dass sie (wie z. B. im Sport) hoch „motiviert" sind. Als „*Motivation*" bezeichnen wir solche Faktoren, die eine Person veranlassen, sich *auf ein Ziel hin* zu bewegen. Zwei grundlegende Arten von Motivation lassen sich dabei unterscheiden:

- Motivation durch irgendeine Form von *Druck* (den wir reduzieren oder verschwinden lassen möchten) sowie
- Motivation durch *Anreize* (positive Zielzustände oder Ideen/Phantasien, die attraktiv für uns sind).

Bezogen auf die Therapie machen wir häufig die Erfahrung, dass wir es zu Beginn leider nur mit *Leidensdruck* oder anderen Formen der *Negativmotivation* zu tun haben: Ängste können uns „ins Laufen" bringen oder zu Flucht/Vermeidung führen, Depressionen lassen uns erstarren, oder wir führen zwanghafte Rituale aus, um innere Spannungen zu verringern. Oft fehlt die Bereitschaft, der Mut oder das Können, sich auf durchgreifende *Veränderungen* des Lebens einzulassen, um auf Dauer besser dazustehen.

Wesentlich geschickter und hilfreicher ist die *positive* Form der Motivation, die allerdings in der Therapie erst einmal entdeckt und in Gang gesetzt werden muss: Erstrebenswerte Ziele, Visionen, lohnende Anreize oder zu erwartende Vorteile „ziehen" uns an wie ein Magnet. Eine Hauptaufgabe der Therapie besteht folglich darin, diese Positivmotivation zu fördern. An Patienten gerichtet interessieren uns in dieser Phase der Therapie u. a. die folgenden Fragen.

- **Was wäre nötig, damit Sie künftig besser dastehen als bisher?**
- **Was ist Ihnen wichtig im Leben (insbesondere mit Blick nach vorn)?**
- **Welche Verbesserungen erhoffen und erträumen Sie sich?**
- **Wie müsste Ihr Leben sein oder werden, dass Sie sagen: Jetzt bin ich zufrieden und glücklich?**

- **Welche positiven Beobachtungen könnten andere Personen dann bei Ihnen machen?**
- **Wofür sind Sie bereit, Zeit, Energie und Mühe zu investieren (oder dafür auf etwas anderes zu verzichten)? usw.**

Solche Fragen sind schon zu Beginn wichtig, ziehen sich aber durch den *gesamten* Verlauf der Therapie. Auf diese Weise hilft der Verhaltenstherapeut, momentane Interessen zu klären, vorhandene Energien (anders als bisher) auf persönliche bedeutsame Themen hinzulenken und die Therapie für die Umsetzung wichtiger Ziele und Wünsche zu nutzen. Denn wenn Sie lohnenswerte Dinge erkennen, sind Sie auch bereit, aktiv zu werden, mühsame Schritte zu gehen und sich Steine aus dem Weg zu räumen. Dann entscheiden Sie sich, etwas zu *lernen*, etwas zu *verändern*, etwas zu *tun*. Aber noch stehen wir vor der Frage: Möchten Sie das überhaupt?

Die Grundfrage jeder Therapie: Ändern oder So-Bleiben?

Motivation zur Veränderung: Was heißt das? Eine Therapie bietet zunächst nur die *Möglichkeit* zu positiven Veränderungen. Deshalb stehen Sie jeweils vor der Grundfrage: „*Ändern oder So-Bleiben?*" Und bei allen *erfolgreichen* Veränderungen muss sich die symbolische Waage aus Abb. 3 in Richtung des *Pfeiles* senken. Das passiert, sobald Sie sich tatsächlich entscheiden, in den Änderungsprozess einzutreten (und als erstes Änderungen *wollen)*.

Motivation zur Veränderung zu finden ist nicht einfach, weil zu Therapiebeginn fast immer eine tiefe Resignation vorherrscht: Man hat ja schon alles versucht – oft über Jahre, und meist ohne großen Er-

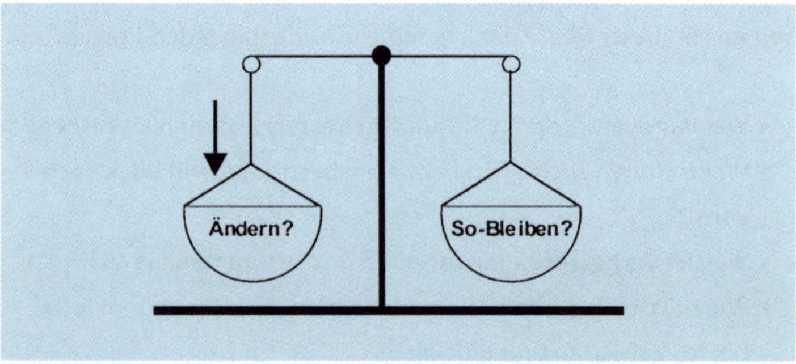

Abb. 3. Die Grundfrage jeder Therapie: Ändern oder So-Bleiben?

folg. Patienten müssen also erst einmal aus dieser Mut- und Hoffnungslosigkeit heraus kommen und zu der Überzeugung gelangen, dass mit Hilfe der Therapie *neue* Möglichkeiten der Veränderung zu entdecken sind. Und erst wenn sich die Einstellung durchsetzt, dass die anvisierten Änderungen zu einem besseren oder zufriedenstellenderen Leben führen, kann man erwarten, dass Patienten *aktiv werden*, also bereit sind, die Arbeit zu tun, die für die Umsetzung von Veränderungen notwendig ist.

Zum anderen haben wir in Kap. 5 („Veränderung: Was heißt das eigentlich“) einige „Pferdefüße“ beschrieben, die Veränderungen schwierig machen. Oft wird übersehen, dass Veränderung immer bedeutet, sich auf *etwas Neues* einzulassen. Umgekehrt sind die „verflixten alten Gewohnheiten“ meist erstaunlich stabil, oder es meldet sich große Angst vor dem, was bei Veränderungen möglicherweise alles auf uns zukommt.

Frank R., der mit einer Verhaltenstherapie gelernt hatte, seine Zurückgezogenheit und Schüchternheit zu überwinden, erzählte uns von seinen Entscheidungskonflikten in dieser Phase: „Zu Beginn meiner Therapie wurde mir erst so richtig bewusst, in welchen eingefahrenen Bahnen mein ganzes Verhalten ablief: Eigentlich bestand mein Leben nur noch aus Vermeidung: Nur nicht unter Leute gehen, sich zuhause vor dem Fernseher verkriechen, mit dem Computer spielen – lauter eingeschliffene *Gewohnheiten!* Aber aus Angst heraus habe ich einfach so weiter gemacht. Ich bin heilfroh, dass ich die Gelegenheit zur Therapie hier in der Klinik ergriffen habe. In dieser Zeit konnte ich erstmals ernsthaft über positive Veränderungen nachdenken und mich mit Änderungswünschen beschäftigen. Meine Therapeutin half mir geduldig beim Lernen von Selbstsicherheit und Selbstbewusstsein, und so konnte ich nach und nach auf Leute zugehen und mich in Gesellschaft wohlfühlen. Jetzt war ich sogar schon ein paar Mal beim Tanzen und auf zwei Parties."

Sobald sich Patienten allerdings entschlossen haben, die Therapie zu *beginnen* und zur ersten Sitzung zu kommen, bietet sich ihnen eine große Chance: Denn der Therapeut bietet Hilfe „von außen“ an und hilft, die Schwierigkeiten systematisch und *aus einer anderen Per-*

spektive anzugehen. Je besser es gelingt, sich auf seine Anregungen einzulassen und z. B. die Aufmerksamkeit auf mögliche Ziele und positive Seiten einer Veränderung zu lenken, desto eher werden sich auch wieder Hoffnung und „Motivation" einstellen.

> **Nicht weil es schwer ist, wagen wir es nicht, sondern weil wir es nicht wagen, ist es schwer.**
> **Seneca**

Und die neuen Träume, die Sie träumen, werden auch dazu führen, dass Sie erste Lösungsschritte in die Tat umsetzen und kleine Verhaltensexperimente im Alltag starten, also in Richtung Ihrer Ziele *aktiv werden*.

Wichtige Entwicklungsaufgaben im Leben

Von Änderungswünschen zu Änderungsnotwendigkeiten: Was ist, wenn Änderungen einfach „sein müssen"? Nicht immer geht es um die Frage, ob wir im Leben etwas ändern *wollen*. Oft sind Änderungen dringend *notwendig*, nicht länger aufzuschieben oder ein *Muss* – weil beispielsweise das bisherige Verhalten nicht länger akzeptabel ist, weil bestimmte Lebensziele blockiert sind oder sogar ernsthafte Gefahr für uns oder andere droht, wenn wir nichts ändern.

Äußere Umstände können eine Lebensumstellung genauso erzwingen wie der Eintritt in eine neue Lebensphase: So gibt es in jedem Leben bestimmte *Entwicklungsstufen*, die es erforderlich machen, sich an neue Aufgaben anzupassen – ob jemand will oder nicht. Von Geburt an durchläuft der Mensch viele Stadien auf dem Weg bis ins hohe Alter, und jede Lebensphase hält neue Anforderungen bereit. Die menschliche Entwicklung ist ja nicht auf die Kindheit/Jugendzeit beschränkt und auch mit der „Volljährigkeit" nicht beendet. Nach der Ausbildungszeit beginnt die (anders strukturierte) Berufstätigkeit, evtl. mit Orts- und Wohnungswechsel und der Notwendigkeit, sich in einer anderen Stadt neu zu orientieren und sich einen anderen Bekanntenkreis aufzubauen. Wir treffen Entscheidungen über unsere Art zu leben (vom Single-Dasein bis zur Großfamilie oder Wohngemeinschaft), wobei die Freiheitsgrade bezüglich der Wahl der eigenen Lebensform wohl noch nie so groß waren wie heute.

Eine einzelne Person geht eine Beziehung/Partnerschaft ein, ein *Paar* wird durch die Geburt eines Kindes zur *Familie*, die evtl. durch weitere Kinder größer wird und ihre Struktur erneut verändert. Kindergartenbesuch, Schuleintritt, Pubertät/Jugendalter und Ausbildung der Kinder verändern vieles in der Gesamtfamilie, die auch mit vielen weiteren Lebensereignissen umgehen muss – z. B. Tod von Familienmitgliedern, Trennung/Scheidung, neue Partner etc. Wir nehmen vielleicht einen neuen Job auf oder verlieren unseren alten, gehen in Rente, werden insgesamt langsam älter und währenddessen immer wieder mit kritischen Lebenssituationen konfrontiert.

Neben diesen *allgemeinen Entwicklungsaufgaben* im Lauf des Lebens stehen viele Menschen irgendwann vor ganz speziellen Herausforderungen: Ein- oder Auswanderung, Vertreibung, das Erleben von Krieg, Gewaltverbrechen, Naturkatastrophen oder auch ein schwerer Unfall bzw. eine ernste körperliche Krankheit bringen einschneidende Veränderungen mit sich.

Nicht immer ist eine Therapie möglich oder nötig, und viele Menschen schaffen es, sich selbst an gravierende Umwälzungen mit ihren eigenen Mitteln anzupassen. Unsere Botschaft an Patienten lautet allerdings, sich nicht erst bei drastischen Veränderungen, sondern in der Anfangsphase *jeder* Therapie *auch* mit folgenden Fragen zu beschäftigen:

- Vor welchen natürlichen „*Entwicklungsaufgaben des Lebens*“ stehe ich zur Zeit?
- Haben die derzeitigen Symptome vielleicht auch damit zu tun, dass ich bislang bestimmte notwendige Entwicklungsschritte *unterlassen* habe?
- Vor welchen anstehenden Veränderungen darf ich mich – mit Blick nach vorn – nicht weiter „drücken“?

Die Hauptphase: Wenn es ernst wird mit Veränderungen

Die Weichen für einen guten Verlauf Ihrer Verhaltenstherapie sind nun gestellt: Es ist gelungen, eine vertrauensvolle Arbeitsbeziehung zueinander aufzubauen, aus Ihren ersten Änderungsideen wurden mittlerweile feste Absichten, und auch erste Schwerpunkte für die weiteren Therapiestunden sind gesetzt. Jetzt wird es ernst mit dem Lernen und mit konkreten Veränderungen.

Wie unterstützt mich der Therapeut in dieser Phase der Therapie?

In seiner Rolle als „Problemlöseassistent" und Lernbegleiter gestaltet der Therapeut Ihren Veränderungsprozess nach optimalen Gesichtspunkten. Er orientiert sich dabei an den grundlegenden Schritten, die sich für die Umsetzung von Veränderungen als hilfreich herausgestellt haben (Abb. 4).

Auf den folgenden Seiten beschreiben wir das Vorgehen im Einzelnen und erläutern die wichtigsten Abläufe anhand von Beispielen.

Abb. 4. Hilfreiche Schritte bei Veränderungen

Hilfreiche Schritte bei Veränderungen:

1. **IST-Situation klären:**
   Was **IST** genau los (und was hält das Ganze aufrecht)?
   ☹
   Was kann ich trotzdem tun
   (und welche positiven Anteile gibt es)?

2. **Suche nach Zielen und Alternativen:**
   Wie **SOLL** es stattdessen sein oder werden?
   ☺

3. **Suche nach Lösungen**
   (als Wege vom IST zum SOLL)
   ☹ → ??? → ☺

4. **Praktische Umsetzung der Lösungsschritte**

5. **Erfolgsbeurteilung:** Weiter so oder anders vorgehen?
   👍 👎

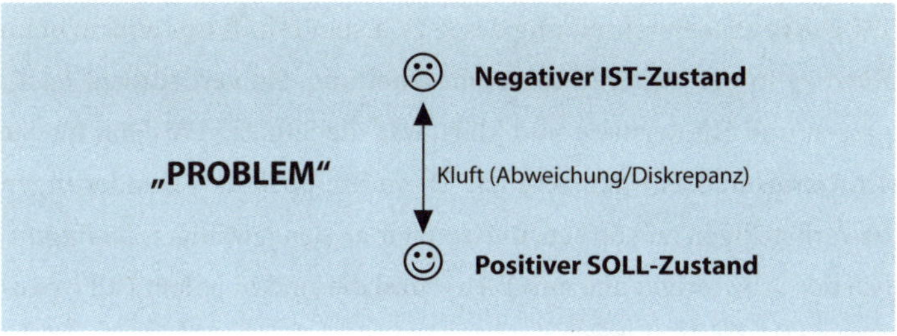

Abb. 5. Problem als Abweichung von IST- und SOLL-Zustand

Wir beziehen uns dabei auf den „*Kern*" des Vorgehens, d.h. auf die praktische Arbeit an Problemen und deren Lösungen bzw. auf die Frage: Wie lassen sich Veränderungen optimal in Gang setzen?

Von Beschwerden zu spezifischen Problemen

Zu Beginn müssen wir die subjektiven Beschwerden, die Sie in die Therapie brachten, erst einmal in arbeitsreife „Probleme" überführen. Wenn wir ab jetzt von „Problemen" sprechen, meinen wir damit immer eine *Kluft* zwischen dem unbefriedigendem IST- und einem wünschenswerten SOLL-Zustand (Abb. 5).

Um ein Problem als solches festzulegen (zu „definieren"), reicht es also nicht aus, nur auf die negativen Aspekte des Ausgangszustands ☹ zu achten. Deshalb werden wir uns auch frühzeitig mit Möglichkeiten des ☺ beschäftigen. Die Schritte 1 und 2 in Abb. 4 gehören in der Praxis somit sehr eng zusammen.

Selbstverständlich muss das „Fundament" des gesamten Therapieprozesses – bestehend aus einer *vertrauensvollen Arbeitsbeziehung* (Grundlage Nr. 1) sowie der *Motivation zur Veränderung* (Grundlage Nr. 2) – über die gesamte Zeit vorhanden sein, wenn die Problemlöseschritte zum Erfolg führen sollen (s. Abb. 2 auf S. 100).

Schritt 1: ☹ IST-Situation klären

Wer im Alltag Probleme erlebt, möchte sie meist schnell wieder los werden. Genau diese Haltung führt aber dazu, dass die Schwierigkeiten weiter bestehen bleiben, denn blinde Aktionen ohne Verständnis der Ursachen und Zusammenhänge helfen selten. Somit müssen wir erst einmal stoppen und mit Geduld und Beharrlichkeit analysieren, was eigentlich genau los ist. Dazu gehört auch das Klären der Hierarchie Ihrer Beschwerden.

Was ist genau los und was hält mein Problem aufrecht?

Die genaue Beschreibung des IST-Zustands hilft uns enorm beim *Einstieg* in die weitere Problembearbeitung. Sie verdeutlicht Sackgassen und Hindernisse und klärt, was die Situation bislang für Sie schwierig/unlösbar gemacht hat. Denn um positive Veränderungen bewerkstelligen zu können, müssen wir an den jeweiligen *Bedingungen* der Schwierigkeiten ansetzen – und die sind in jedem Fall woanders zu finden (s. unten).

Was kann ich trotzdem tun und welche positiven Anteile gibt es?

Umgekehrt ist – bei genauerer Betrachtung – keine Lebenssituation total negativ, auch wenn uns das gefühlsmäßig zunächst so scheinen mag. Einiges läuft im Alltag dennoch ganz gut, manches ist trotzdem o.k., viele Stärken und positiven Fähigkeiten sind derzeit nur „verschüttet" und warten darauf, „freigelegt" und genutzt zu werden – erst einmal müssen wir aber wieder die Aufmerksamkeit auf solche „positiven Selbstverständlichkeiten" richten. Und so ist der Anfang dadurch geprägt, dass wir einerseits die *Details der anstehenden Beschwerden* analysieren, andererseits aber auch vorsichtig klären, welche *persönlichen Einflussmöglichkeiten* es trotz aller Umstände gibt und welchen Stellenwert die Schwierigkeiten im *gesamten* Leben von Patienten haben (in dem immer auch positive Elemente vorhanden sind!). Dies erleichtert automatisch spätere Lösungen und Antworten auf die Frage: Wie sollte es ab jetzt anders, d.h. besser werden?

Wie hilft mir der Therapeut, die IST-Situation zu klären und herauszufinden, was das Ganze aufrechterhält?

Erinnern Sie sich noch an unser Motto „Verhaltensbezogen denken und arbeiten" aus Kap. 5? Dort hatten wir erwähnt, dass eine *konkrete, verhaltensnahe Beschreibung der Beschwerden* den ersten Schritt zu Verbesserungen darstellt. Denn allzu oft versuchen wir schon Lösungen, ohne überhaupt genau zu wissen, was los ist.

> **Bei jeder Sache bedenke, was ihr vorangeht und was ihr folgt, dann erst gehe an die Sache selbst heran.**
> **Epiktet**

Deshalb wird ein Verhaltenstherapeut z. B. folgende Fragen an Sie richten:

- Was ist eigentlich das Problem?
- Was genau macht Sie unglücklich/unzufrieden?
- Wie sehen die Schwierigkeiten genau aus?
- Wann ist „es" das letzte Mal passiert?
- Können Sie mir ein typisches Beispiel schildern?
- Was denken, fühlen, tun Sie dann, wenn ... ?
- Wie oft passiert das (pro Tag, pro Woche)? Und wie intensiv?
- In welchen Situationen passiert das *immer* (bzw. in welchen *nie*)?
- Wann wird es stärker, wann wird es schwächer (und was ist dann anders)?
- Was sind die Konsequenzen, wenn ... ?
- Was glauben Sie, hat das Ganze verursacht, und was hält es aufrecht?
- Sehen die Personen Ihrer Umgebung die Problematik genauso wie Sie? etc.

Karin G., die wegen ihrer Kopfschmerzen vom Arzt an uns überwiesen worden war, bemerkte auf diese Weise bald, dass einige Umstände ihrer Lebensführung zu dem Problem beitrugen. So wurde deutlich, dass sie sich fast jeden Tag zu Überstunden in der Firma überreden ließ (um nicht als „faul" zu gelten). Umgekehrt zeigte sich, dass es ihr an den Wochenenden meist besser ging. Des Weiteren konnte sie offenbar den Wünschen und Erwartungen ihres Freundes an sie (als Köchin, Liebhaberin) nur dann widerstehen, wenn sie „Kopfweh" hatte. Außerdem hatte sie vor 3 Jahren den Job als Schreibkraft nur deswegen angenommen, weil sie Angst hatte, der Herausforderung einer Chefsekretärin bei einer anderen Firma nicht gewachsen zu sein. Jetzt fühlte sie sich aber qualitativ unterfordert und trauerte der verpassten Chance nach.

Diese wenigen Zeilen zeigen beispielhaft, was im Einzelfall alles zu den beklagten Beschwerden beitragen kann. Dabei sind weitere mögliche Einflussgrößen (Lerngeschichte, eventuelle körperliche Krankheiten) noch gar nicht abgeklärt, und manche Zusammenhänge mit anderen Lebensbereichen deuten sich erst an (Partnerschaft, berufliche Situation).

Was kann ich trotzdem tun, und welche positiven Anteile gibt es?

Normalerweise nehmen uns negative Lebensprobleme gefühlsmäßig so in Beschlag, dass wir unsere Scheuklappen aufsetzen, nur noch das Negative wahrnehmen und in einem Teufelskreis gefangen bleiben: Manche sagen, wir seien dann „negativ hypnotisiert" und deshalb nicht zu Veränderungen oder gar neuen Lösungen fähig. Deshalb wird der Verhaltenstherapeut bereits ab der ersten Sitzung Ihre Aufmerksamkeit auch auf Bereiche lenken, die unproblematisch sind. Trotz schwerwiegender Belastungen ist mit Sicherheit nicht „alles" schwarz in Ihrem Leben, sondern es gibt zumindest ein paar dunkelgraue Stellen (vielleicht sogar hellgraue oder weiße). Ein Blick auf die „Großwetterlage" hilft oft schon, die Bedeutung der Beschwerden etwas zu relativieren. Außerdem lassen sich – zumindest kleine – Einflussmöglichkeiten suchen (Was kann ich trotz allem tun?) und positive Anteile entdecken. Denn eine gute Therapie hilft sowohl bei der Lösung bestehender Probleme als auch beim besseren Erkennen und Nutzen eigener Stärken.

> **Wer von sich sagt, er habe keine Talente, hat noch nicht viel im Leben ausprobiert.**

Sie haben keine Talente? Sie können nichts? Sie beachten die „normalen" Dinge des Lebens nicht mehr oder nehmen alles als selbstverständlich, was Tag für Tag und Woche für Woche bei Ihnen *ohne Probleme* abläuft? Dann Vorsicht: Falls Sie zu den Menschen gehören, die ihr Licht gerne unter den Scheffel stellen oder sich gar als wenig nütze im Leben betrachten, könnte eine Verhaltenstherapie die „Gefahr" mit sich bringen, dass Sie Ihre Selbstwahrnehmung ändern und Ihr negatives Selbstbild verlieren. Dann könnte es in der Therapie u. a. auch um das (Wieder-)Entdecken eigener Fähigkeiten, Ausprobieren neuer Aktivitäten oder das Erkunden zusätzlicher Erlebnismöglichkeiten gehen. Manchmal ist zum besseren Erkennen eigener Stärken auch ein Umweg nötig über Fragen, die unsere „Selbstverständlichkeiten" betreffen:

- **Was funktioniert in meinem Alltag, was ist in Ordnung?**
- **Womit bin ich glücklich und zufrieden?**
- **Was läuft gut in den Bereichen, in denen ich *keine* Probleme habe?**
- **Wofür wurde ich von *anderen* schon mal gelobt in letzter Zeit?**
- **Was schätzen andere Personen (Partner, Eltern, Kinder, Freunde, Kollegen) an mir?**
- **Was habe ich *früher* schon alles geschafft in meinem Leben?**
- **Was hat mir geholfen, trotz vieler Schwierigkeiten bisher psychisch zu überleben?**

Das *Erkennen* und Beachten der alltäglichen kleinen und großen Stärken ist der *erste* Schritt; später lassen sich solche Talente für die Ziele der Therapie nutzen.

Was ist, wenn mir noch unklar ist, was die „eigentlichen" Schwierigkeiten sind?

Es macht nichts, wenn Sie Ihre Beschwerden oder Sorgen nicht gleich präzise beschreiben können oder auf bestimmte Fragen nicht sofort eine Antwort wissen. Ihr Therapeut wird Ihnen behutsam dabei helfen, die Sache „auf den Punkt" zu bringen.

> **Um klar zu sehen, genügt oft ein Wechsel der Blickrichtung.**
> **Antoine de Saint-Exupéry**

Ergänzend zu den Gesprächen gibt er Ihnen zu diesem Zweck vielleicht bestimmte *Fragebögen* oder *Problemlisten* bzw. führt (zum Zweck der Diagnostik) ein *strukturiertes Interview* mit Ihnen.

Oft ist notwendig, sich für ein paar Tage oder Wochen noch genauer mit den Schwierigkeiten zu beschäftigen und die Aufmerksamkeit gezielt auf die konkreten Abläufe im Alltag zu richten. Dazu könnte sie der Therapeut z.B. bitten, bestimmte *Beobachtungen* zu machen oder *kleine Aufgaben* zu erledigen, mit deren Hilfe sich dann in der nächsten Stunde die IST-Situation besser beschreiben lässt.

Stefan P. hatte zwar von seinen großen Ängsten vor Menschen berichtet, konnte anfangs aber kaum sagen, was dann im Einzelnen passierte oder wann es besser/schlechter wurde. Seine Therapeutin und er einigten sich zunächst darauf, dass er in den folgenden 14 Tagen noch genauer in seinem Alltag beobachtete, in welchen Situationen überhaupt seine Ängste auftraten, was dabei in ihm vorging, und wovon sie abhingen. In der folgenden Therapiestunde brachte er ganz stolz seine Notizen mit und berichtete: „Mit Bekannten oder Kollegen habe ich keine Probleme. Ich habe gemerkt, dass ich eigentlich nur vor solchen Menschen Angst habe, die ich wenig kenne, die für mich unberechenbar sind, aber über mich Macht haben – so wie mein Chef. Vielleicht müsste ich einfach ein bisschen mehr Mut haben, mich auch ihm gegenüber ganz normal zu verhalten und nicht immer zu denken: Hoffentlich mache ich keinen Fehler, hoffentlich schaut er mir nicht zu lange zu, hoffentlich geht er bald wieder weg! Gelassener werden in solchen Momenten – das möchte ich lernen!"

Auf diese Weise ergibt sich oft erst im Lauf der Zeit für beide Seiten ein klareres Bild des Ausgangszustands sowie erste Ahnungen von den erwünschten Richtungen einer Veränderung und den angestrebten Lernzielen.

Was ist, wenn ich gar nicht weiß, wo ich bei all den Schwierigkeiten anfangen soll?

Manche Lebenssituationen sind so komplex, dass die erste Aufgabe der Therapie darin besteht, das „Problemknäuel" zu entwirren und wichtige von weniger wichtigen Ansatzpunkten zu unterscheiden.

Peter D. kam nach der Scheidung von seiner Frau in Therapie, weil er „total am Boden" war und nicht wusste, wo er überhaupt anfangen sollte. Der Verkauf des gemeinsamen Hauses, der notwendige Umzug, finanzielle Sorgen und Schulden, Probleme mit der Besuchsregelung seiner beiden Söhne, Konflikte mit der neuen Partnerin und die Gefahr des Arbeitsplatzverlustes wegen mehrerer „Alkoholabstürze" waren nur einige seiner Sorgen, die erst einmal „eingekreist" wurden, um sie danach genauer betrachten zu können.

Einkreisen von Problemen und Setzen von Schwerpunkten: Womit fangen wir an?

In solchen Fällen müssen in den ersten Sitzungen erst einmal Schwerpunkte gesetzt und Ansatzpunkte für den „Einstieg" gesucht werden. Beginnen können wir z. B.

- *bei Themen mit hoher emotionaler Belastung oder existenzieller Bedrohung:* Norbert K. hatte vor 2 Jahren einen Autounfall schwerverletzt überlebt, aber immer noch panische Angst, wieder in ein Fahrzeug zu steigen. Jetzt stand aber sein Job auf dem Spiel, falls er sich weiterhin weigerte, Außendienstbesuche per Auto zu erledigen.
- *an zentralen Punkten, die sich auf viele andere Lebensbereiche auswirken:* Bernd J. entdeckte in den ersten Therapiestunden, dass sich zwei Grundhaltungen wie ein roter Faden durch seine Probleme zogen: Dass er passiv blieb und sich „hängen" ließ, sobald Schwierigkeiten auftauchten, und dass er immer anderen Personen die Schuld gab, falls etwas schief lief.
- *dort, wo Sie schon zu Veränderungen bereit sind:* Petra M. war es mittlerweile überdrüssig, immer nur von ihren Kolleginnen ausgenutzt zu werden. Sie hatte von der Möglichkeit eines „Selbstsicherheitstrainings" gehört und wollte jetzt unbedingt lernen, sich besser zu behaupten und „es den anderen zu zeigen".
- *mit prinzipiell lösbaren Problemen* (statt mit unabänderlichen Tatsachen): So ist der Wunsch von Eva R., den geliebten Partner wiederzubekommen, der vor 8 Monaten nach einem Herzinfarkt gestorben war, zwar sehr verständlich, aber leider mit keiner Therapie der Welt zu erfüllen. Während der ersten Therapiestunden musste die Situation erst langsam zu einem lösbaren *Problem* umdefiniert werden, das dann lautete: „Ich möchte mit dem schrecklichen Verlust meines Mannes besser fertigwerden und den Blick wieder nach vorne auf das Leben richten lernen – auch im Interesse meiner beiden kleinen Kinder".

Umgekehrt kann auf therapeutische Bemühungen in solchen Bereichen verzichtet werden, die nur geringe Belastungen mit sich bringen („Damit kann ich leben ... !"), sich von selbst wieder geben oder von anderen Personen/Einrichtungen besser bearbeitet werden können (z. B. Rechtsanwalt, Pfarrer, Wohnungs- oder Sozialamt usw.).

Wie behalten wir den Überblick, wenn sehr viele Schwierigkeiten anstehen?

Sind die anstehenden Themen sehr umfangreich, so hilft eine *Veranschaulichung:* Schon das Notieren belastender Lebensbereiche auf einem Zettel oder eine zeichnerische Skizze kann das Sortieren erleichtern. Hierzu dürfen Sie gerne Ihre persönlichen Vorlieben nutzen.

Anna M. hatte zur 3. Therapiesitzung ein paar kleine Steine und Holzfiguren mitgebracht, mit denen sie ihre Schwierigkeiten symbolisch präsentierte. Gemeinsam mit ihrer Therapeutin gelang es ihr, die Themen nach Wichtigkeit und Dringlichkeit zu sortieren und neue Zusammenhänge zu entdecken.

Werner L., ein Hobby-Fotograf, skizzierte mit Bleistift eine Art „Überblicksfoto" seiner vielen Probleme im Weitwinkel-Format und hob dann mit bunten Farben die 3 Punkte hervor, auf die er künftig den Fokus richten und bei denen er mit der Therapie weiterkommen wollte.

Maria S. wiederum malte einen Kreis (ihren „Problemkuchen"), den sie in verschieden große „Kuchenstücke" aufteilte, so wie es der Größe ihrer Probleme entsprach. Dann diskutierte sie mit Ihrem Therapeuten über Möglichkeiten, durch die Therapie bestimmte „Problemstücke" kleiner und andere Lebensbereiche größer zu machen.

All diese Maßnahmen tragen dazu bei, die negativen Situationen klarer zu beschreiben, vorrangige Problembereiche zu erkennen und wichtige Ursachen und Zusammenhänge zu entdecken. Aber in den seltensten Fällen wissen wir dann schon automatisch, wie es *stattdessen* sein oder werden soll. Deshalb betrachten wir auch „die andere Seite der Medaille" und suchen gemeinsam nach Zielen und Alternativen.

Schritt 2: ☺ Suche nach Zielen und Alternativen

Wie SOLL es stattdessen sein oder werden?

Da jedes Problem erst vollständig formuliert ist, wenn wir erkennen, was anstatt des bisherigen IST werden SOLL, konzentrieren wir uns jetzt auf die *Möglichkeiten der Veränderung*. Da diese derzeit noch nicht gegeben sind, helfen Phantasien, Traumvorstellungen, Imaginationen zunächst dabei, sich Visionen von einer besseren Zukunft auszumalen. Je lebendiger und bildhafter Sie sich mit Ihren Änderungsideen beschäftigen, desto leichter werden Sie Orientierung finden und zumindest grobe Anhaltspunkte darüber erhalten, wohin ab jetzt die „Lebensreise" gehen soll. Denn ohne Ziele wären Sie in der gleichen Lage wie Alice im Wunderland…

> **Auf ihrem Weg durchs Wunderland fragte Alice die Katze: „Könntest du mir bitte sagen, welchen Weg ich von hier aus nehmen soll?" Worauf die Katze antwortete: „Das hängt zu einem guten Teil davon ab, wohin du willst". – „Ach, darüber mache ich mir keine besonderen Gedanken", sagte Alice.**
>
> **„Dann", sagte die Katze, „ist es auch egal, welchen Weg du weitergehst".**
>
> **Lewis Carroll**

Wie unterstützt mich der Therapeut dabei, Ziele zu entdecken?

In erster Linie richtet der Therapeut Ihre Aufmerksamkeit möglichst lebhaft auf die „Möglichkeiten des Andersseins": Durch Fragen, Phantasien, Was-wäre-wenn-Denkanstöße werden Sie angeregt, sich in positive Wunschbilder für Ihr Leben hineinzuversetzen und „neue Träume zu träumen". Visionen, Zukunftsperspektiven und positive Anreize für Veränderungen ergeben sich – im Lauf der Zeit – auch durch Antworten auf folgende beispielhafte Fragen:

- ***Muss*** **mein Leben eigentlich so sein, wie es ist?**
- **Könnte mein Leben auch** ***anders*** **sein?**
- ***Wie*** **könnte es** ***anders*** **(besser) sein?**
- **Was sollte** ***stattdessen*** **werden (d.h.** ***ohne*** **die derzeitigen Symptome)?**
- **Wenn die nächsten 3 Jahre ideal nach meinen Wünschen verlaufen und alle meine Träume in Erfüllung gehen: Wie wird mein Leben anders/besser sein?**
- **Kenne ich jemanden, der/die so ähnlich lebt wie ich leben möchte?**
- **Wer ist mein Ideal, mein/e „Held/in", mein Vorbild?**

- **Wie müsste es werden, damit es mir *ein klein wenig* besser geht?**
- **Welche kleineren oder größeren Veränderungen habe ich in meinem Leben schon geschafft? (Wie war das? Was habe ich da genau getan?)**
- **Welche Stärken, Talente und Interessen sind bei mir vorhanden, die ich in Zukunft noch besser nutzen könnte?**
- **Welchen kleinen ersten Schritt könnte ich tun, um die Situation *etwas* zu verbessern? usw.**

Auch diese Fragen müssen Sie nicht sofort (oder gar schon vor der Therapie) beantworten können. Vielleicht benutzt der Verhaltenstherapeut einige davon, um Ihre Aufmerksamkeit von negativen IST-Zuständen auf mögliche Veränderungsanreize zu lenken und Sie auf neue Ideen zu bringen. Hier helfen ebenfalls Skizzen oder andere Veranschaulichungen, um die wichtigsten Zielideen „festzuhalten" und für die Weiterarbeit zu nutzen.

Maria S. (aus einem obigen Beispiel) malte jetzt statt ihres Problemkuchens einen „Zielkuchen", der die persönlich wichtigsten Lernziele für ihr Leben und die Therapie enthielt. Mit Hilfe solcher optischer Hilfen war es auch leichter, gemeinsam zu überlegen, welche Fähigkeiten sie denn noch lernen müsste, um ihre Ziele besser erreichen zu können; außerdem konnte sie mit dem Therapeuten dann manche Wünsche auf ihre Machbarkeit prüfen und (erreichbare) Ziele von (unerreichbaren) Utopien trennen.

Wie finden wir heraus, welche Fähigkeiten ich erlernen sollte, damit es mir künftig besser geht?

Wenn deutlich geworden ist, dass Ihnen noch bestimmte Fertigkeiten fehlen, um von ☺ nach ☹ zu gelangen, so können wir uns gemeinsam fragen, was Sie denn *bräuchten*, um es besser zu schaffen. Auf diese Weise stellen wir *Lernziele* zusammen, die dann die Richtschnur für die weiteren Stunden abgeben.

So ließen sich beispielsweise bei Yvonne A. wichtige *Lernziele* (Tabelle 2) formulieren, damit sie mit ihren Ängsten im Umgang mit anderen Menschen künftig besser klar kommen konnte (linke Spalte der Tabelle 2). Rechts in der Tabelle stehen einige Ideen für verhal-

Tabelle 2. Mögliche Lernziele und verhaltenstherapeutische Maßnahmen zur Zielerreichung

Lernziele	Mögliche Maßnahmen dafür
Eigene Bedürfnisse erkennen (Was brauche ich für mein Leben?)	Selbstbeobachtung und Selbstreflexion, Fragen des Therapeuten (als Anregung zur „Selbsterkenntnis")
Grenzen setzen und auch einmal Nein sagen (besonders in der Partnerschaft)	Übungen aus Selbstsicherheitstrainings
Unabhängiger von der Meinung anderer werden („Ich darf meinen eigenen Kopf haben!")	Übungen aus Selbstsicherheitstrainings und Bearbeiten „irrationaler" Einstellungen bzw. innerer Verbote („Ich darf nicht ...", „Ich sollte ...")
Aktiv Ängste überwinden und Situationen aufsuchen, in denen es viele Leute gibt	Angstbewältigungstraining
Risiken eingehen (neue Kontakte, evtl. neuen Job suchen?)	Kleine therapeutische Aufgaben und „Hausaufgaben"

tenstherapeutische Maßnahmen, mit denen diese Ziele erreichbar wären.

Wie Sie sehen, gibt es zu diesen Lernzielen jeweils „passende" verhaltenstherapeutische Methoden, die der Therapeut dann maßgeschneidert auf Ihre Person und Lebenssituation abstimmen wird.

Schritt 3: ☹ → ? → ☺ Suche nach Lösungen

Lösungen zielen ja immer darauf ab, die Kluft zwischen einem belastenden/unerwünschten IST-Zustand und einem erwünschten SOLL-Zustand zu reduzieren (Abb. 6).

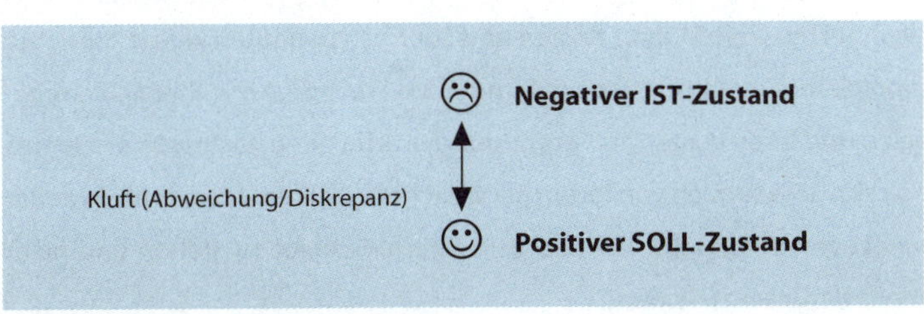

Abb. 6. Lösung als Reduktion der Kluft zwischen IST und SOLL

4 prinzipielle Lösungswege (als Wege vom IST zum SOLL)

Wie hilft mir der Therapeut dabei, Lösungen zu finden?

Im Prinzip gibt es 4 Möglichkeiten, um Abweichungen zu verringern und zu Lösungen zu kommen.

1) Sich auf den Weg machen. Der Weg von IST nach SOLL ist die häufigste Variante: ☹ und ☺ sind geklärt, und nun geht es darum, sich vom jetzigen IST-Zustand aus in Richtung der vereinbarten Ziele zu bewegen – am besten in kleinen systematischen Schritten. Dies ist der „Normalfall" bei jeder Therapie.

Ina R. hatte sich z.B. entschieden, ihre Ängste vor anderen Personen zu überwinden, und so begann sie in der Therapie langsam aber stetig, sich kritischen Situationen auszusetzen und diese zu bewältigen. Peter S. hatte erkannt, dass er seine körperlichen Beschwerden (für die es keine organischen Ursachen gab) u.a. durch Steigerung der Belastbarkeit und Fitness bessern konnte, und so standen nun Jogging und Schwimmen auf seinem Tagesplan. Vera M. wollte lernen, ihren Hang zum Perfektionismus zu reduzieren, mit dem sie sich immer wieder in große Schwierigkeiten brachte. Dazu nahm sie sich mit Hilfe Ihres Therapeuten vor, in den nächsten Wochen absichtlich „nur 90% perfekt" zu sein.

2) Wenn die Trauben zu sauer sind. Dieser Lösungsweg würde bedeuten, beim bisherigen IST-Zustand zu bleiben, und nach reiflicher Überlegung von geplanten Änderungszielen wieder Abstand zu nehmen. Oft sind Ziele unrealistisch, oder die Kosten einer Veränderung zu hoch. Dann ist es ratsam, den IST-Zustand akzeptieren zu lernen und mit dem, was man hat, zufrieden zu sein.

Patricia T. litt zwar an ihrem Übergewicht ☹, kam aber in den ersten Therapiestunden zu dem Schluss, dass eine Veränderung zum ☺ (15 kg weniger) zu viele Mühen, Kosten und Energien bedeuten würde. Sie liebte einfach ihre feucht-fröhlichen Runden im Freundeskreis, ihre Schlemmereien und ihren Posten als Vergnügungswartin des örtlichen Sportvereins so sehr, dass sie sich von ihrem angedachten Ziel des Abnehmens wieder verabschiedete. Dafür lernte sie, zu ihrem Gewicht zu stehen und nicht mehr darunter zu leiden.

3) Kompromisse bilden (manchmal die vernünftigste Variante). Statt der ursprünglichen Pläne, sich vom bestehenden ☹ zum geplanten ☺ zu bewegen, entscheidet man sich, beides einander anzunähern.

Im Beispiel von Patricia T. hätte dies bedeutet, dass sie statt der zunächst anvisierten 15 kg nur 5 kg Gewichtsabnahme anstrebt und dazu ein bisschen auf ihre Schlemmereien verzichtet oder sich zumindest einmal pro Woche (statt eines feucht-fröhlichen Zechgelages mit Freundinnen) sportlich betätigt.

4) Aussteigen und etwas komplett Neues wagen (die seltenste Variante). Die Abweichung zwischen ☹ und ☺ verliert ihren problematischen Charakter durch eine grundlegende *Neuorientierung*.

Ein früher erfolgreicher Fußballprofi, der sich über 3 Jahre mit heftigen Knieproblemen herumplagte und um seine Karriere kämpfte, entschied sich schließlich, diesen Kampf aufzugeben und sich einer Tätigkeit als Immobilienmakler zu widmen, in der er heute noch erfolgreich ist.

Erich und Hanna F., beide Mediziner, waren der westlich-kommerzialisierten Lebensart überdrüssig. Ihren Konflikt zwischen „viel Geld, aber wenig Sinn" behoben sie dadurch, dass sie sich voller Hoffnung in das Abenteuer „Aufbau einer Notfallstation in Peru" stürzten.

Ein anderes Beispiel formulierte kürzlich eine Patientin etwas alltagsnäher: „Das Drama meiner unglücklichen Liebe (über Jahre zwischen zwei verschiedenen Männern hin- und hergerissen zu sein) kann vielleicht nur durch eine völlig *neue* glückliche Beziehung zu einem *anderen* Mann beendet werden!"

Die wichtigste Botschaft dieser Variante ist wohl, dass es andere Wege zum Glücklichsein gibt als die bisher verfolgten. Auch dabei kann es sinnvoll sein, sich zunächst zu überlegen, was der Vorteil oder „Gewinn" der neuen Alternativen wäre. Die Analyse eigener Bedürfnisse (Was will ich in/von einer Beziehung?) und die Klärung eigener Anteile an bisherigen Problemen helfen zudem, vorschnelle impulsive Entscheidungen zu verhindern, die man u. U. später bereut. Und nachdem dann neue Erfahrungen gemacht wurden, stellen sich Fragen wie

z. B.: Passt es so für mich? Ist die neue Orientierung in Einklang mit meinen Träumen und Hoffnungen? Wie soll es weitergehen?

Egal, zu welcher Möglichkeit Sie neigen – der Therapeut wird *mit Ihnen gemeinsam* nach der besten Alternative suchen. Während Sie bei manchen Schwierigkeiten lernen müssen, unabänderliche Tatsachen zu akzeptieren, stellt die Verhaltenstherapie viele Hilfsmittel zum Erreichen Ihrer Ziele zur Verfügung, wenn es sich um (lösbare) Probleme handelt. Hier können sich Verhaltenstherapeuten auf ein gut gefülltes Methodenarsenal stützen, das zu den wichtigsten Problembereichen (wie z. B. Ängsten, Zwängen, Depressionen, Essstörungen, Selbstsicherheit, Partnerschaft, Schmerz etc.) *wirksame und erprobte Standardmaßnahmen* bereit hält. In vielen Fällen werden Sie neue oder zusätzliche Fertigkeiten erlernen, die Ihnen helfen, in Ihrem Leben besser zurechtzukommen. Oft hilft es aber auch, einige „schlummernde" Fähigkeiten zu reaktivieren und für therapeutische Ziele zu nutzen.

Wie schaffe ich es, meine Stärken und Talente besser einzusetzen?

Bei der Suche nach Lösungen müssen wir selten ganz bei Null beginnen, sondern können auch viele Talente zum Tragen bringen, die Sie sowieso schon besitzen. Ab der ersten Sitzung hatten wir ja u. a. schon vorsichtig den Blick auf die eigenen Stärken gerichtet. Jetzt geht es darum, einige davon gezielter im Rahmen der Therapie zu nutzen.

Klaus W. hatte zwar große Angst in Gesellschaft oder in größeren Gruppen, aber paradoxerweise keine Probleme, als Laienschauspieler in komische Rollen zu schlüpfen und dann sogar vor Publikum aufzutreten. Seine Therapeutin kam mit ihm auf die Idee, doch auch im „richtigen" Leben ein bisschen „Theater zu spielen" und in eine Art Schauspielerrolle zu gehen. Mit der Um-Interpretation „Die ganze Welt ist ein Theater" gelang es ihm allmählich, seine Alltagsängste zu überwinden und der Therapeutin nach ein paar Wochen zu berichten: „Das Erstaunlichste war für mich: Die anderen merken gar nichts von meinem Trick!"

In der Regel haben Patienten eine ganze Reihe von persönlichen Stärken, ohne diese zunächst als solche wahrzunehmen und zu würdigen.

Stärken und Talente müssen gesucht, beachtet und gefördert werden

Manche können gut kochen, erfreuen sich an Blumen oder ihrem Garten, malen, basteln, joggen, singen (und sei es „nur" heimlich oder in der Badewanne) bzw. haben bestimmte Interessensgebiete, über die sie gerne etwas lesen oder im Fernsehen sehen. Andere sind handwerklich aktiv, dekorieren ihre Wohnung oder sind wegen bestimmter Vorzüge anerkannt von anderen, obwohl sie selbst sagen: „Das ist doch nichts Besonderes". Manche Talente wurden vielleicht nur in jüngeren Lebensjahren gepflegt und sind mittlerweile ziemlich in Vergessenheit geraten: Viele konnten als Kinder oder Jugendliche ganz gut musizieren, tanzen, waren sportlich oder in Gruppen aktiv, spielten Theater oder hatten Freude am Erleben der Natur. Solche „schlummernden Fähigkeiten" warten nur darauf, in irgendeiner Form wieder zum Leben erweckt zu werden.

Genauso wie kein Mensch in jeder Hinsicht herausragend sein kann, gibt es auch niemanden auf der Welt, der nicht *irgendwo* gut ist und seine Stärken hat. Deshalb versuchen wir in jeder Therapie, das Augenmerk auch auf die persönlichen Fertigkeiten zu richten, vorhandene Begabungen wahrzunehmen oder neue zu entdecken.

Hilfreich dabei ist, wenn Sie im Lauf der Zeit ...

- **überhaupt den Gedanken akzeptieren, dass auch bei Ihnen zumindest kleine Stärken vorhanden sind,**
- **sich auf „Entdeckungsreise" begeben, Talente suchen, erkennen und finden(!),**
- **diese Entdeckungen ab jetzt im Alltag häufiger/intensiver umsetzen,**
- **Ihre Talente kultivieren, pflegen und ausbauen, sowie**
- **neue Interessen entwickeln.**

Solche positiven Fähigkeiten können Sie dann nutzen, um ...

- **Defizite in anderen Lebensbereichen auszugleichen,**
- **sich wieder als „ganze" Person wahrzunehmen (und nicht nur im Schatten der Problemregionen),**
- **durch die Beschäftigung mit positiven Aktivitäten Ihre Lebensqualität und -freude zu heben,**

- **einen Ausgleich zu finden und wieder Kraft zu sammeln für die Arbeit an vorhandenen Problemen,**
- **Anreize zu erhalten, sich weiter mit positiven Lebenszielen zu beschäftigen,**
- **die Erfahrung zu machen, dass es sich manchmal lohnt, den Mut aufzubringen, etwas Altes zu reaktivieren oder Neues auszuprobieren, was letztlich alles auch dazu dient, Ihre gesamte persönliche Entwicklung/ Weiterentwicklung voranzubringen.**

Schritt 4: Praktische Umsetzung der Lösungsschritte

Was wird mir helfen, meine Ideen, Pläne und guten Vorsätze in die Tat umzusetzen?

Alles in allem sind die Schritte der Therapie so angelegt, dass die praktische Umsetzung leichter fällt. Um unmittelbar „in die Gänge zu kommen", können Sie sich die Frage stellen: „Gibt es etwas in meinem Leben, das ich *noch heute* ändern kann und möchte?" *Dort* sollten Sie anfangen. In den meisten Fällen werden Sie sich in systematischen kleinen Schritten auf Ihre Ziele zubewegen. Der Therapeut begleitet Sie dabei, freut sich mit Ihnen über erste Erfolge, ermuntert Sie zum Durchhalten bei schwierigeren „Durststrecken" und plant Ihre Aktivitäten so, dass Sie immer eine gewisse Herausforderung (aber keine *Über*forderung) erleben. Günstig ist dabei die so genannte „Salami-Taktik": Dabei wird ein großes, noch weit entferntes Ziel (= die ganze „Salami") in kleine „Scheibchen" zerlegt.

Theresa G. war nach dem Verlust ihres Arbeitsplatzes vor 3 Jahren in eine tiefe Depression gestürzt und hatte keinerlei Initiativen in Richtung Jobsuche mehr gestartet. In der Therapie setzte sie sich u. a. das Ziel, bis zum Jahresende wieder eine Stelle als Bankkauffrau zu finden oder sich zu einem anderen Beruf umschulen zu lassen. Gemeinsam mit dem Therapeuten teilte sie dieses Ziel in „handhabbare Portionen" auf, für die sie dann Woche für Woche etwas tun konnte. Einige Ihrer „Salami-Scheibchen" waren dann: Im Telefonbuch die Nummer des Arbeitsamtes suchen und einen ersten Termin beim Arbeitsvermittler vereinbaren, den Computer vorbereiten, um Bewerbungen schreiben zu können, Passfotos machen lassen, die „Gelben Seiten" nach Adressen von Banken und Immobilienfirmen durchsehen, in der Therapiestunde Bewerbungsgespräche üben, tatsächlich zu Vorstellungsterminen gehen und vieles mehr.

Welche typischen verhaltenstherapeutischen Methoden kommen eventuell zur Anwendung?

Eine der Stärken der Verhaltenstherapie liegt darin, dass im Lauf ihrer Geschichte viele Maßnahmen entwickelt wurden, mit deren Hilfe bestimmte Probleme leichter zu bewältigen sind. Sie stellen Instrumente dar, um die jeweiligen Lernziele zu erreichen. In der nachfolgenden Tabelle 3 (S. 136–137) sind einige Beispiele für solche „Standardmethoden" skizziert.

Ihr Verhaltenstherapeut ist nicht nur in diesen (beispielhaft ausgewählten) Verfahren ausgebildet, sondern hat noch viele andere Methoden in seinem Repertoire, mit denen er Ihnen zielgerichtet weiterhelfen kann.

Schritt 5: Erfolgsbeurteilung

Weiter so oder anders vorgehen?

Im Wesentlichen bestimmen die jeweiligen Ergebnisse der umgesetzten Maßnahmen, wie es in der Therapie weitergeht. Auch hier gibt es keine Geheimnisse: Sie sind ständig an der Beurteilung der Fortschritte mit beteiligt (und genau genommen die wichtigste Auskunftsquelle).

- Wenn Sie z. B. berichten, dass es Ihnen gelungen ist, den Konflikt bezüglich Kindererziehung mit Ihrem Partner gut zu regeln (wie es in der letzten Therapiestunde besprochen und im Rollenspiel geübt worden war), so erhält Ihr Therapeut wichtige Informationen, dass Sie auf dem „richtigen" Weg sind, der weiter beschritten werden kann.
- Falls Sie über Misserfolge berichten, erhalten wir wertvolle Hinweise darauf, wo Sie stehen und was Sie noch lernen müssten, um künftig besser zurechtzukommen. Vielleicht haben wir auch wichtige andere Einflussfaktoren übersehen. Solche Fehlschläge helfen beim weiteren Lernen. Dazu müssen manche unserer obigen Bearbeitungsschritte nochmals durchlaufen werden.

Tabelle 3. Einsatzgebiete und Ziele einiger typischer verhaltenstherapeutischer Methoden

	Einsatzgebiet	Lernziel(e) und Kurzbeschreibung des Vorgehens
Entspannungs-training	Psychosomatische Beschwerden, Ängste	Aufbau einer Entspannungsreaktion im Körper durch systematische Übungen zum Anspannen und Entspannen bestimmter Muskelgruppen („Progressive Muskelentspannung") oder formelhafte Vorsätze („Autogenes Training")
Selbstsicherheits-Übungen	Soziale Unsicherheit, Ängste im Umgang mit anderen Menschen	Aufbau von selbstsicherem Verhalten gegenüber anderen Menschen durch Vermittlung sozialer Fertigkeiten (wie z.B. Blickkontakt halten, laut und deutlich sprechen, eigene Wünsche äußern, Nein-sagen und unberechtigte Forderungen anderer ablehnen usw.)
Kommunikations-training	Partnerschafts- und Familienprobleme	Effektiv miteinander reden lernen, gegenseitiges Verstehen verbessern, Konflikte klären und lösen, „konstruktives Streiten"
Aufbau von Aktivitäten	Depressionen	Stimmung heben durch Verbesserung der Aktivitätsbilanz (insbesondere durch sportliche und soziale Aktivitäten)
Selbstbeobachtung	(allgemein hilfreich)	Im Alltag gezielt auf innere und äußere Abläufe achten (Auslöser, Verhalten, Konsequenzen); dadurch lernen Personen z.B., die wesentlichen *Bedingungen* ihrer Probleme bzw. Ziele genauer zu erkennen
Rollenspiel	Kritische Situationen	Üben/Vorausüben schwieriger Situationen: Gefürchtete Situationen mit anderen Menschen werden „nachgespielt". Dann wird aktiv solange an Verbesserungen gearbeitet und wiederum geübt, bis die Person in der Lage ist, das Ganze gut zu schaffen
Angstkonfrontation	Ängste, Zwänge	Ängste überwinden durch aktives Herangehen an die gefürchteten Situationen: Statt der bisher üblichen Vermeidung werden die Angstsituationen (Menschenmengen, Aufzug, U-Bahn etc.) aufgesucht und „ausgehalten". Durch die Erfahrung, dass die Spannung nach gewisser Zeit wieder *absinkt* und nichts Schlimmes passiert, lernt der Körper um: Die Ängste lassen nach
Kritisches Hinterfragen („Disputation")	Hinderliche Lebens-haltungen und Grundüberzeugungen	Erkennen und Verändern von persönlichen Einstellungen mit problematischen Konsequenzen („Ich muss immer perfekt sein", „Ich will von allen geliebt und anerkannt werden", „Es ist eine Katastrophe, andere um Hilfe bitten zu müssen")

Tabelle 3 *(Fortsetzung)*

	Einsatzgebiet	Lernziel(e) und Kurzbeschreibung des Vorgehens
Problemlösen und Entscheiden	Probleme und Entscheidungs-Konflikte (+ allgemein hilfreich)	Effektives Problemlösen (in allen möglichen Lebensbereichen) durch Befolgen der Problemlöseschritte: 1. IST klären, 2. SOLL klären, 3. Lösungen suchen, 4. Lösungsschritte umsetzen und 5. Erfolgskontrolle
Genusstraining	Depressionen (+ allgemein hilfreich)	Sich Genuss erlauben und genießen lernen durch kleine Genussübungen für alle Sinnesorgane
Imagination von Zielzuständen	(allgemein hilfreich)	Motivationsaufbau durch erlebnisnahe Zielvorstellungen („Angenommen, die nächsten 3 Jahre Ihres Lebens verlaufen ideal nach ihren Wünschen und Träumen ...")
Mit neuen Situationen experimentieren	Ängste, Zwänge, starre Gewohnheiten, Alltagstrott	Absichtlich kleine Veränderungen im Alltag; vollziehen auch in (unproblematischen) Lebensbereichen aus dem üblichen Alltagstrott ausscheren; Versuche starten, Experimente wagen

Einschätzung von Erfolgen und Fortschritten: Wie geht das?

Da jede Verhaltenstherapie mit „offenen Augen“ passiert und wir *gemeinsam* den Fortgang der Therapie (innerhalb und außerhalb der Sitzungen) beobachten, lassen sich Verbesserungen normalerweise recht einfach feststellen. Dabei hilft auch das Motto „Verhaltensbezogen denken und arbeiten“ (s. Kap. 5 „6 Mottos für Verhaltenstherapie-Patienten“): Denn statt nur zu sagen: „Vorher ging es mir schlecht, und jetzt geht es mir schon etwas besser“, achten wir gemeinsam auf sehr *konkrete* Anzeichen von Erfolg.

Rita B. war zu Beginn der Therapie vor lauter Ängsten nicht mehr in der Lage, ihre Wohnung zu verlassen. Bereits an der Haustür bekam sie so große Panik, dass sie wieder umkehrte. Jetzt, nach dem in der Therapie erfolgreich absolvierten Angstbewältigungsprogramm, erzählte sie freudestrahlend folgende Fortschritte: „Ich kann wieder einkaufen, in die Stadt gehen, mit Bus und U-Bahn fahren, mit meiner Nachbarin in die Gymnastikstunde und mit meinen Kindern ins Schwimmbad! Im Sommer werde ich dann zu meiner Cousine in die Berge reisen und erstmals seit 10 Jahren wieder Urlaub machen“.

Das Erkennen von Fortschritten ermutigt uns, unseren Weg zum Ziel weiter zu verfolgen. Ausgangspunkt für die Beurteilung von Fortschritten sind immer (1) der Stand der Dinge zu Beginn der Therapie sowie (2) die angepeilten Lernziele. Oft hilft auch ein Vergleich „damals/heute" anhand von Fragebögen, Videos, Beobachtungsprotokollen oder Listen kritischer Situationen: Was habe ich damals nicht gekonnt, was kann ich jetzt? Auf diese Weise (und auch mit sonstigen „harten" Daten (wie z. B. bestimmten medizinischen Laborwerten bei körperlichen Krankheiten) lassen sich subjektive Eindrücke durch objektive Erfolgskriterien untermauern. Und zusätzlich zum alleinigen Urteil von Patient und Therapeut lässt sich auch fragen: Haben *andere* (z. B. Freunde, Familie) Veränderungen festgestellt?

Nichts ist so erfolgreich wie der Erfolg

Fortschritt verläuft nicht immer geradlinig

Es ist sehr erfreulich, wenn die Anstrengungen der Therapie zu Fortschritten führen und alle Beteiligten sehen, dass sich die Mühe gelohnt hat. Das geht nicht immer sofort oder in geradliniger Form. Manchmal dauert es eine Weile, bis sich Erfolge zeigen. Manchmal geht es anfangs schnell, bleibt aber dann längere Zeit auf einem ersten Erfolgstreppchen stehen. In anderen Fällen gibt es ein turbulentes Auf und Ab. Doch selbst dann, wenn alles nach Wunsch läuft, darf man die Hände nicht in den Schoß legen und sich zu früh auf den Lorbeeren ausruhen. Denn jede Veränderung hat erst dann ihren Namen verdient, wenn sie *stabil* bleibt und zu einer neuen (positiven) Gewohnheit geworden ist.

Die Endphase: Zurück in die Eigenständigkeit

Auch eine gute Therapie geht einmal zu Ende

Wie vieles im Leben folgt auch die Verhaltenstherapie einem optimalen Rhythmus: Nach dem behutsamen Beginn kommt es zum eigentlichen Änderungsprozess, und jetzt – nach dem Erreichen von Fortschritten – allmählich wieder zum Beendigen der Kontakte. In dieser Schlussphase werden die erreichten Verbesserungen stabilisiert; außerdem ziehen wir gemeinsam Bilanz und fassen die wichtigsten

Veränderungserfolge (und die Maßnahmen auf dem Weg dorthin) nochmals zusammen. Schließlich steht die gezielte Vorbereitung auf den künftigen Alltag *ohne* Therapie im Mittelpunkt, bevor die Kontakte langsam ausklingen.

Therapie als endlose Geschichte oder: Wieviel Therapie genügt?

Therapie ist keine Dauerbegleitung für den Rest des Lebens

Wenn wir Therapie als Chance des Lernens und der persönlichen Entwicklung verstehen, so könnte der Gedanke naheliegen, dass es immer wieder neuen Bedarf oder weitere Gelegenheiten zu persönlichem Wachstum gibt. Ist Therapie also eine „unendliche Geschichte"? Wir glauben: Nein. Sicherlich geht die menschliche Entwicklung bis ans Lebensende immer weiter – aber nicht nur mit Hilfe einer Therapie. Da stehen die üblicherweise genehmigten Stundenzahlen der Krankenkassen einer Endlostherapie entgegen.

Wenn Sie den Vorgaben unseres Konzepts gefolgt sind, haben Sie mittlerweile viele Dinge gelernt, um wieder auf eigenen Beinen stehen zu können. Sie sind in der Lage, IST und SOLL Ihres Lebens besser in Einklang zu bringen. Dann ist der Moment erreicht, an dem langsam an eine Beendigung der Therapiekontakte gedacht werden kann. Dies geschieht nicht abrupt, sondern in Form eines allmählichen „Ausblendens" der Termine.

Bei Uwe K. konnten die bisher wöchentlichen Termine auf 14 Tage, 3 Wochen und schließlich auf monatliche Abstände gestreckt werden; bei Beate T. reichten in dieser Phase sporadische Telefonate alle 4 Wochen, während Peter W. ein halbes Jahr nach Therapieende noch einen kompakten (2-stündigen) Termin zur „Wiederauffrischung" seiner Selbstsicherheitsübungen wünschte.

Auch wenn die Therapie zu Ende geht: Fortschritte müssen beibehalten werden

Die Endphase der Therapie wird auch dazu benutzt, sich auf die Zeit nach der Therapie gut vorzubereiten (s. unten). Dabei muss das offizielle Therapieende nicht immer wirklich endgültig sein; vielleicht kann man auch versuchen, erst einmal eine Zeitlang mit der *verbesserten* Situation zu leben und *später* noch weitere Fortschritte zu machen (z. B. als Alkoholiker vielleicht erst später *total* trocken werden). Bei anderen gibt es zusätzliche Hilfsmöglichkeiten im Alltag, die jetzt gezielt aufgesucht werden können (z. B. soziale Einrichtungen, Angebote von Bildungszentren, Kirchengemeinden oder Sportvereinen); wieder andere profitieren von Selbsthilfegruppen. Eventuell wird die Therapie auch von der Betreuung in einer speziellen Nachsorgeeinrichtung abgelöst (Wohngruppe, Tagesklinik, beschützte Werkstätte usw.).

Falls Therapeuten zuviel Verantwortung übernehmen, und Patienten länger als unbedingt nötig therapeutische Hilfe erhalten, könnte der Effekt eintreten, dass vorhandene Fähigkeiten zur Eigenständigkeit untergraben oder behindert werden. Denn wir wollen Patienten ja nicht von Therapie abhängig machen. Wann ist nun der „richtige“ Moment des Abschlusses gekommen? Welche Anzeichen gibt es für ein bevorstehendes Ende der Therapie?

Woran merken wir, dass wir uns dem Ende der Therapie nähern?

In einigen sehr schwierigen Fällen ist schon viel erreicht, wenn

- statt  nur noch  erlebt wird,
- sich  zu  verändert,
- sich  zu  wandelt,
-  zu  wird oder
- in ganz besonders erfolgreichen Situationen sich  zu  verändert.

Konkret ausgedrückt werden Sie als Patient selbst an einigen der folgenden Anzeichen bemerken, dass das Ende der Therapie langsam naht.

Anzeichen, dass wichtige Ziele der Therapie erreicht sind

- **Es geht Ihnen wieder deutlich besser, Sie kommen mit wichtigen Anforderungen Ihres Alltags gut zurecht.**
- **Es gelingt Ihnen, bestimmte Alltagsprobleme auch ohne therapeutische Hilfe gut zu lösen.**
- **Die Probleme und Anliegen werden weniger, der „Stoff“ für die Stunden geht langsam aus.**

- **Sie haben nicht mehr das Gefühl, die Therapie unbedingt zu „brauchen".**
- **Es macht Ihnen nichts aus, wenn die Abstände zwischen den Sitzungen größer werden.**
- **Sie freuen sich zwar noch auf die Sitzungen, aber es tut sich nichts Neues mehr.**
- **Es wird Ihnen langsam eher lästig, zu den Sitzungen zu kommen.**

Schlussbilanz: Stand der Dinge am Ende der Therapie

Neben der Beobachtung der Fortschritte von Stunde zu Stunde geht es jetzt um die *Gesamtbilanz der Therapie*: Was wurde insgesamt erreicht, welche Fortschritte konnten Sie erzielen, womit sind Sie zufrieden, womit noch nicht, wo stehen Sie heute (im Vergleich zum Stand am Anfang unserer Kontakte)? Im Einzelnen interessieren z. B. folgende Bereiche:

- **Positive und negative Erfahrungen während der Therapie.**
- **Therapieziele und Fortschritte auf dem Weg dorthin (Was/welche Fertigkeiten habe ich gelernt?)**
- **Welche Strategien, Regeln und Leitsätze helfen mir künftig weiter?**
- **Wie sehen mittlerweile meine Stärken, Schwächen, Probleme, Ziele aus?**
- **Ihre Beurteilung der Therapiegestaltung (Was hat mir gefallen? Was war schwierig? Was hat mir geholfen? Was fand ich nicht so gut? Was hätte ich mir noch gewünscht?)**
- **Ihre Einschätzungen bezüglich der Art des Therapeuten (Was fand ich gut/weniger gut an ihm?)**
- **Ihre Vorsätze/weitere Lernaufgaben für die Zeit nach dem Ende der Therapie (in eigener Regie).**

Während Ihre Rückmeldungen für den *Therapeuten* wertvolle Informationen liefern, was er (bei anderen Patienten) künftig ähnlich machen oder ändern sollte, können *Sie* anhand seiner Einschätzung noch ein paar Hinweise bekommen, worauf Sie – positiv wie negativ – künftig noch weiter achten sollten.

Was nun? Vorbereitung auf die Zeit nach der Therapie

Was hat mir geholfen und wie bekomme ich künftige Krisen in den Griff?

Spätestens in der letzten Stunde lenken wir den Blick auf den Zeitabschnitt nach Beendigung unserer Kontakte. Um wieder in eigener Regie klar kommen zu können, haben wir natürlich auch schon in der gesamten bisherigen Therapie am Ziel „Selbstmanagement" gearbeitet und Sie auf das „Leben draußen" vorbereitet. Jetzt geht es darum, sich einerseits die hilfreichsten Erfolgsstrategien nochmals vor Augen zu führen (z. B.: Was würde ich einem Freund in einer ähnlichen Situation raten?) und sich andererseits noch mit kritischen Situationen zu beschäftigen, die in nächster Zeit evtl. auf Sie zukommen könnten.

Daniela M. (22) hatte es mittlerweile gut geschafft, gegenüber ihren Freundinnen und ihrem Partner eigene Wünsche und Bedürfnisse zu äußern: „Ich habe gemerkt, dass mich die anderen nur respektieren, wenn ich nicht immer nachgebe, sondern klar meine Meinung sage. Darauf werde ich jetzt weiter achten." Für den Rest der Stunde ging es dann noch um Besprechungen und Rollenspiele zum Thema: „Wie schaffe ich es, meinen Eltern klar zu machen, dass ich im nächsten Sommer nicht mit ihnen, sondern mit meinem Freund in Urlaub fahren werde?"

Normalerweise haben Sie im Zuge der bisherigen Therapie schon vieles gelernt, was Sie im Alltag nutzbringend anwenden können. Die neuen Verhaltensmuster waren vielleicht anfangs recht mühsam in Gang zu bringen und bedurften großer Aufmerksamkeit bei den ersten Umsetzungsversuchen. Jetzt (und erst recht nach dem Ende der Kontakte!) müssen Sie sie allerdings *weiter* praktizieren, bis die Veränderungen zu neuen Gewohnheiten werden. Dies bedeutet u. a., weiterhin …

- aufmerksam zu sein (und positive Signale genauso zu registrieren wie mögliche „Stolperfallen"),
- auf Situationen zu achten, bei denen Sie vorsichtig sein sollten oder die Sie vermeiden müssen,

- bewusst die neu gelernten Denk- und Handlungsstrategien umzusetzen,
- sich klar zu machen, dass das Neue noch nicht von alleine geht (und dass es bei manchen Problemen wie z.B. Süchten *nie* von alleine geht, sondern eine ständige Wachsamkeit vonnöten ist),
- mit der Möglichkeit von Rückfällen zu rechnen und sich darauf konstruktiv vorzubereiten (Worauf muss ich achten? Wann kann es für mich gefährlich werden? Was kann ich tun, wenn …?),
- manches nicht allein lösen zu wollen, sondern bei Bedarf die Hilfe von Bekannten, Freunden, Familie etc. (und bei großen Krisen auch erneut professionelle Helfer) in Anspruch zu nehmen.

Abschließende Bemerkungen. Natürlich verlaufen die Stufen und Schritte des Änderungsprozesses in der Praxis nicht immer so klar und der Reihe nach wie in den zurückliegenden Passagen beschrieben. Viele Abschnitte überlappen sich, und selten sind alle skizzierten Punkte des Vorgehens notwendig. So gibt es oft „Abkürzungen", während es andererseits auch notwendig werden kann, auf bestimmten Stufen länger zu verbleiben. Es ist jedoch der „Job" Ihres Therapeuten, Sie verständnisvoll, geduldig und fachlich kompetent durch manche Klippen der Therapie zu begleiten.

Umgekehrt ist und bleibt es Ihr Recht (und Ihre Pflicht!), für sich und die Therapie Verantwortung zu übernehmen. Deshalb gibt das nachfolgende Kapitel noch viele Hinweise darauf, was Sie als Patient aktiv beitragen können, damit Ihre Therapie die erwünschten Erfolge bringt.

7 Was ich als Patient zum Gelingen meiner Verhaltenstherapie beitragen kann

> **Die Person, die es am Ende schaffte, den ganzen Berg abzutragen, war dieselbe, die irgendwann einmal begonnen hatte, kleine Steine davon wegzuschleppen.**
>
> **Aus China**

Während Sie in den letzten Kapiteln einiges darüber erfahren konnten, was Verhaltenstherapeuten zu Ihrer Unterstützung tun, beschäftigen wir uns in diesem Kapitel mit vielen Dingen, die *Sie als Patient* beitragen können, damit Ihre Verhaltenstherapie auch wirklich gelingt.

Was erleichtert den Einstieg? Wer weiß am besten, was geholfen hat oder was man braucht, um mit Verhaltenstherapie Fortschritte zu erzielen? Unserer Meinung nach solche Personen, die mit Hilfe einer Verhaltenstherapie schon Erfolg hatten und die Kontakte mittlerweile wieder beenden konnten. Und so haben wir aus Nachbefragungen ehemaliger Verhaltenstherapie-Patienten einige Aussagen ausgewählt, die es Ihnen ermöglichen, Ihre Therapie mit realistischen Erwartungen und zuversichtlicher Einstellung zu beginnen.

Beispielhafte Aussagen von Ex-Patientinnen und Patienten auf die Frage: „Sie haben Ihre Verhaltenstherapie mittlerweile erfolgreich

abschließen können. Welches ist die wichtigste Botschaft, die Sie künftigen VT-Patienten mit auf den Weg geben möchten?"

- „Änderungen sind schwierig, aber nicht unmöglich" (Doris W.).
- „Der Therapeut wird nicht dein Leben leben, zaubern oder Probleme für dich lösen. Aber du kannst davon ausgehen, dass er dir nach besten Kräften hilft, neue Wege zu finden und umzusetzen" (Carsten B.).
- „Therapie bedeutet Arbeit, aber diese Mühe lohnt sich" (Bernd S.).
- „Ziele finden war für mich enorm wichtig – oder würdest du in einen Zug steigen, von dem du nicht weißt, wo er hinfährt?" (Susanne H.)
- „In 3 Tagen für immer glücklich werden – das gibt es nur im Märchen. Aber du kannst für dich etwas tun – Tag für Tag, Woche für Woche" (Petra W.).
- „Niemand kann die gute alte Zeit zurückbringen, denn nichts wird wieder so werden wie früher. Aber ich habe in der Therapie gelernt, ab jetzt die Verantwortung für mein Leben zu übernehmen, so dass das Morgen besser wird als das Gestern und Heute, auch wenn ich das am Anfang kaum für möglich gehalten hätte" (Inga D.).
- „Fehler macht jeder. Aber wenn du immer wieder die gleichen Fehler machst, wird es Zeit, daraus zu lernen. Wenn du das nicht selbst schaffst, brauchst du Therapie, so wie ich. Und wenn du dann endlich die Lehren gezogen und etwas geändert hast, brauchst du keine mehr" (Gina W.).
- „Anfangs ging mir alles zu langsam. Aber die Geduld hat sich gelohnt. Bleib' also beharrlich, richte den Blick nach vorn, geh' Schritt für Schritt, aber mach' mit und geh' vorwärts!" (Erika A.)

Am Anfang der Therapie

Auf Patientenseite bilden zwei Faktoren das „Fundament" einer jeden erfolgreichen Verhaltenstherapie:

(1) Eine gute Beziehung zum Therapeuten und
(2) die aktive Mitarbeit.

Ohne diese gibt es leider keine therapeutischen Fortschritte, Problemlösungen oder Verbesserungen. Wie können Sie es schaffen, zu

Beginn der Therapie erst einmal Kontakt und Vertrauen zum (anfangs fremden) Therapeuten aufzubauen? Wie gelingt es – trotz mancher Enttäuschung über gescheiterte eigene Lösungsversuche in der Vergangenheit – wieder Eigeninitiative zu entwickeln und in der Therapie mitzuarbeiten?

Grundlage Nr. 1: Gute Beziehung zum Therapeuten – was kann ich dazu beitragen?

Im vorigen Kapitel war ja schon einiges über die besondere Art der *therapeutischen Beziehung* zu erfahren, deren Ziel darin besteht, dass Sie in ihrem Alltag wieder besser zurecht kommen. Der Verhaltenstherapeut bringt Ihnen viel Verständnis, Geduld und Zuwendung entgegen, gibt aber gleichzeitig viele Anregungen zu neuen/andersartigen Lösungen und unterstützt Sie beim Erlernen zusätzlicher Fähigkeiten. Ihre wichtigsten *Beiträge als Patient* bestehen darin, einerseits die professionelle Rolle des Therapeuten zu akzeptieren und andererseits die *eigene Rolle als aktiver Patient* zu übernehmen.

Lassen Sie sich Zeit, um Vertrauen zu finden. Aber helfen Sie dem Therapeuten, indem Sie ihm wichtige Informationen liefern

Es ist in Ordnung, wenn Sie anfangs noch skeptisch sind, kein „blindes" Vertrauen haben oder sich erst langsam öffnen – insbesondere, wenn Sie auch sonst Probleme mit Beziehungen zu anderen Menschen kennen oder schlechte Vorerfahrungen mitbringen. Ein erster Schritt ist schon getan, wenn Sie dem Therapeuten helfen, dass er Sie und Ihre Lage besser begreifen kann, denn

- er weiß zwar viel über Menschen *allgemein*, aber bisher nichts von *Ihnen*,
- er möchte Ihnen bestmöglich zur Seite stehen, weiß aber noch nicht genau, wobei und wofür,
- er kann leider nicht Gedanken lesen oder mit „Röntgenblick" in Sie hineinschauen, sondern ist auf Ihre Äußerungen angewiesen.

Im Einzelnen ist für den Erfolg Ihrer Therapie sehr günstig, wenn Sie ...

- **ein paar grundlegende Spielregeln des Miteinander einhalten, die normalerweise auch im Alltag gelten (wie z. B. pünktlich und regelmäßig zu den Terminen erscheinen, Vereinbarungen einhalten),**

- dem Therapeuten möglichst offen und ehrlich Ihre Probleme, Sorgen, Gedanken, Gefühle, Ziele, Wünsche oder Bedürfnisse mitteilen (auch wenn das anfangs noch schwerfällt),
- versuchen, sich – so gut es geht – auf die besondere Art einer Therapiebeziehung einzulassen (z. B. dass die Therapie immer „Mittel zum Zweck" ist und der Arbeit an Ihren Problemen und Zielen dient),
- auf manche Anstöße/Anregungen des Therapeuten eingehen (auch wenn diese vielleicht noch etwas ungewohnt sind),
- die professionellen *Grenzen* akzeptieren (z. B., dass der Therapeut nicht rund um die Uhr für Sie da sein kann, nicht die Rolle von Vater, Mutter, Geschwistern, bestem Freund oder Liebhaber übernehmen wird, die Probleme nicht stellvertretend für Sie löst, weder Patentrezepte gibt noch „zaubern" kann).

Grundlage Nr. 2: Aktive Mitarbeit – Motivation zur Veränderung

Fragen Sie sich von Anfang an, was sich durch die Therapie in Ihrem Leben verbessern soll

In Therapie zu kommen und ernsthaft mit dem „Unternehmen Änderung" zu beginnen, ist der *erste* entscheidende Schritt auf dem Weg zu möglichen Verbesserungen. Aber nur dann, wenn Ihnen positive Veränderungen Ihres Lebens wichtig genug sind (und Sie überzeugt sind, dass sie es auch schaffen können), werden Sie in der Therapie „am Ball bleiben" und bestimmte Vorsätze wirklich in die Tat umsetzen. Wünschenswert sind dabei eine gewisse Neugier und die Bereitschaft, statt des Festklammerns an alten Gewohnheiten etwas Neues und bisher Unübliches auszuprobieren. Dabei hilft es, sich vorzustellen, was sich denn bei einer erfolgreichen Therapie alles verbessern würde. Am günstigsten

> **Voreilig**
> Du sagst, du kannst nicht.
> Du sagst, das schaffst du nicht.
> Du sagst, das erreichst du nie.
> Du sagst, es ist zu schwer für dich, es sei unmöglich –
> doch versucht hast du es noch nie.
> Kristiane Allert-Wybranietz

ist natürlich, sehr lebendig von den eigenen Zielen/Wünschen für die Zukunft und den positiven Möglichkeiten einer Veränderung zu träumen: Denn wer weiß, was er anstrebt, ist auch eher bereit, schwierige Wege auf sich zu nehmen und Hindernisse aus dem Feld zu räumen.

Zu Beginn der Therapie (aber auch in deren weiteren Verlauf) lohnt es sich, zunächst einmal die eigene Motivation für Veränderungen selbstkritisch zu beleuchten: War es überhaupt *meine* Idee, in Therapie zu gehen (oder hat das jemand anders vorgeschlagen)? Was verspreche oder erhoffe ich mir davon? Was würde ich gewinnen? Was müsste ich aufgeben? Was soll sich, was muss ich, was möchte ich ändern? Ist mir das wichtig genug? Was bin ich bereit, dafür zu tun? Was werde ich investieren – an Mühe, Zeit und Aufwand? Gibt es Grenzen für meine Wünsche? Was brauche ich, um das alles besser schaffen zu können?

Ob in der Therapiestunde oder zwischendurch zuhause – das Nachdenken über solche Fragen kann viel zum Klären eigener Ziele, Motive und Bedürfnisse beitragen und Energien mobilisieren, um dafür auch tatsächlich etwas zu *tun*.

Gute Zeichen für Ihre aktive Mitarbeit sind z. B., wenn Sie ...

- **die Termine zuverlässig und regelmäßig wahrnehmen und sie als Gelegenheit nutzen, sich weiterzuentwickeln und Neues zu lernen,**
- **der Therapie einen hohen Stellenwert einräumen und sich dafür auch entsprechend Zeit in Ihrem Alltag nehmen,**
- **im Rahmen Ihrer derzeitigen Möglichkeiten aktiv mitarbeiten und Eigeninitiative zeigen (meist reichen schon kleine Beiträge, Ideen, Beobachtungen oder Notizen aus),**
- **immer wieder kleine Dinge ausprobieren, um Ihre Situation zum Positiven zu verändern,**
- **im Verlauf der Therapie auch Verantwortung für deren Fortgang übernehmen (z. B. sagen, was Ihnen „passt“ bzw. was Sie gerne anders hätten), sowie**
- **sich zwischendurch immer wieder Ihre Ziele und die positiven Konsequenzen einer Veränderung vor Augen führen, um manche Anstrengung auf dem Weg dorthin leichter durchzuhalten und nicht gleich bei ersten Schwierigkeiten aufzugeben.**

Während der gesamten Therapie können Sie sicher sein, dass der Therapeut Ihnen wiederholt Anregungen zu neuen Entwicklungen vermittelt. Er wird aber gleichzeitig darauf achten, dass Sie sich nicht mit zu großen Lernschritten überfordern. Oft reichen deshalb schon *kleine* Ansätze Ihrer Mitarbeit. Dazu gehört auch, dass Sie den Therapeuten fragen, falls Ihnen etwas an seiner Vorgehensweise oder seinem Verhalten unklar ist. Aktive Beiträge Ihrerseits bleiben *durchgängig* von Bedeutung, wenn sich Ihre Verhaltenstherapie auf Dauer positiv auf Ihr Alltagsleben auswirken soll. Wie schnell Sie allerdings bestimmte Veränderungen umsetzen und wie geduldig Sie „bei der Stange bleiben", liegt in Ihrer Verantwortung. Denn es ist und bleibt *Ihre* Therapie – und letztlich *Ihre* Sache, was Sie für sich aus dem Angebot machen.

Wie kann ich mich auf die erste Therapiestunde vorbereiten?

Von Anfang an sollten Sie die zur Verfügung stehende Therapiezeit bestmöglich nutzen. Ideal wäre es, wenn Sie schon zuhause über Schwerpunkte, Themen und Anliegen für die Sitzung nachdenken (und ein paar Notizen mitbringen), sich Fragen an den Therapeuten zurechtlegen („Was ich von Ihnen wissen möchte...") und sich vor Augen führen, dass Ihr Therapeut nur mit dem arbeiten kann, was Sie ihm sagen oder zeigen. Auch Informationen über die Entstehungsgeschichte Ihrer Probleme, den bisherigen Verlauf, eigene (erfolgreiche und vergebliche) Lösungsversuche und bisherige Behandlungen helfen Ihrem Therapeuten weiter.

Es kann durchaus vorkommen, dass Sie auf bestimmte Fragen nicht gleich eine Antwort wissen oder sich an etwas nicht mehr erinnern können. Sie brauchen auch keine Angst zu haben, etwas Wichtiges zu vergessen oder sich vielleicht nicht „richtig" auszudrücken, denn einerseits folgen noch viele weitere Stunden, und andererseits ist es *Aufgabe des Therapeuten*, Ihnen beim Verständlichmachen Ihres Standpunkts bestmöglich behilflich zu sein.

Wie nutze ich die Probesitzungen am besten?

Klären Sie in dieser Phase, ob Sie an der „richtigen" Adresse sind

Bei jeder kassenfinanzierten Verhaltenstherapie ist die erste Therapiestunde der Anfang einer Reihe von 5 Terminen, die als *„Probesitzungen"* gelten. Sie dürfen dieses Angebot aktiv nutzen, um für sich zu beurteilen, ob Sie überhaupt mit der Person und Vorgehensweise des Therapeuten zurechtkommen, ob die ganze Atmosphäre und Richtung für Sie „passt" und ob der Therapeut Sie bei Ihren Anliegen auch wirklich angemessen unterstützen wird. In Ihrem eigenen Interesse sollten Sie dazu Fragen stellen über alles, was Ihnen unklar ist (z.B. Finanzierung, Häufigkeit oder Dauer der Sitzungen). Es ist auch Ihr gutes Recht, sich nach den besten Behandlungsmöglichkeiten bei Ihrer Problematik oder einem groben Therapieplan zu erkundigen oder Informationen zur Ausbildung, Erfahrung, Zuständigkeit und Kompetenz des Therapeuten einzuholen.

Auch der Therapeut trifft Entscheidungen

Umgekehrt wird sich der Therapeut in dieser Probezeit einen Eindruck bilden, ob überhaupt eine Verhaltenstherapie notwendig und sinnvoll ist, wie es mit seiner Zuständigkeit/Kompetenz aussieht oder ob er andere Vorgehensweisen (als Ergänzung oder als alleinige Maßnahme) für zweckmäßig hält. Für den Therapieantrag bei der Krankenkasse benötigt er in dieser Zeit (evtl. mittels Fragebögen) bestimmte Informationen zur Erstellung einer Diagnose samt Therapieplan. Außerdem müssen Sie zur Abklärung organischer Ursachen noch einen Arzt aufsuchen und dort einen so genannten „Konsiliarbericht" anfertigen lassen. Seit 1.1.1999 kann das Ihr Hausarzt erledigen. Das notwendige Formular samt Überweisungsschein erhalten Sie von Ihrem Therapeuten, der mit Ihnen auch in Ruhe alle dafür notwendigen Abläufe besprechen wird.

Es ist ein gutes Zeichen für einen positiven Beginn, wenn Sie im Verlauf der Probesitzungen die Erfahrung machen, dass ...

- **Sie langsam Vertrauen zum Therapeuten entwickeln und zu ihm offen sein können,**
- **der Therapeut Sie und Ihre Lage verstehen kann und die „richtige" Person ist, um Ihnen bei Ihren Anliegen weiterzuhelfen,**

- Ihre Probleme, Ziele, Meinungen und Interessen hinreichend berücksichtigt werden (so dass die Therapie nicht über Ihren Kopf hinweg abläuft),
- die Behandlungsangebote des Therapeuten für Sie plausibel und sinnvoll klingen,
- Sie bestimmte eigene Verhaltensweisen, Einstellungen und Gefühlsreaktionen ein klein wenig anders bzw. deutlicher wahrnehmen als bisher,
- Ihnen stärker bewusst wird, was Sie tun (und warum) und
- bei Ihnen ein „Fünkchen Hoffnung" auf Veränderung geweckt wird.

Während der Therapie

Die Therapie ist für „draußen"

Die Therapiestunden sind kein Selbstzweck, sondern dienen immer der Verbesserung Ihres Alltags. Deshalb versuchen wir erst einmal, die Probleme des „tatsächlichen Lebens" möglichst lebendig in die Sitzungen hereinzuholen (z.B. durch Gespräche, Beobachtungen und „So tun, als ob…"). Umgekehrt möchten wir in den Therapiestunden die Probleme so bearbeiten und Ihnen solche Anstöße geben, dass die gefundenen Lösungen „draußen" umsetzbar sind. Dies sollen die Pfeile der folgenden Abb. 7 verdeutlichen, in der auch zu

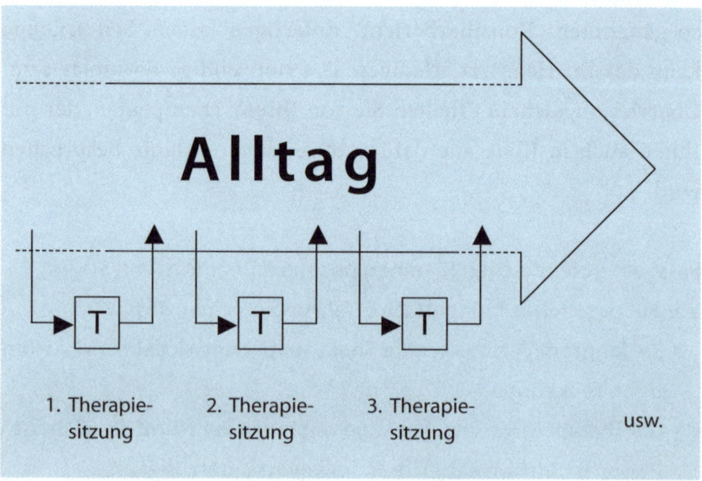

Abb. 7. Therapie und Alltag stehen in enger Verbindung

sehen ist, dass Alltag und Therapiesitzungen in enger Verbindung stehen.

Was kann ich in der Stunde für mich und meine Therapie tun?

Wie oben angedeutet ist jede Verhaltenstherapie „für draußen" gedacht, aber die einzelne Therapiesitzung ist die Zeitspanne, in der die Probleme therapeutisch bearbeitet und Fortschritte/Verbesserungen *vorbereitet* werden. Dazu ist es günstig, wenn Sie als Patient aufmerksam dem Verlauf der Sitzung (z. B. den Fragen des Therapeuten) folgen und sich selbst und dem Therapeuten gegenüber möglichst offen und ehrlich sind. Auf diese Weise werden Sie mit ihm gemeinsam den Zusammenhang zu Ihrem Alltag herstellen und sich z. B. fragen: Was konnte ich seither nutzen, um während der Woche anders zu denken oder zu handeln als bisher?

Es ist Ihre Therapie, ergreifen Sie die Initiative

Andererseits sollten Sie selbst jede noch so kleine Gelegenheit wahrnehmen, um die Initiative zu ergreifen und eigene Ideen/Aktivitäten beizusteuern. Über die gesamte Therapie hinweg werden Sie ermuntert, Verantwortung für die Themen und Schwerpunkte der jeweiligen Sitzung mit zu übernehmen und mit zu entscheiden. Dazu gehört auch, positive Eindrücke genauso anzusprechen wie Dinge, die Ihnen „gegen den Strich" gehen. Wenn Sie zudem bereit sind, bei kleinen praktischen Übungen mitzumachen (z. B. zur Entspannung), tragen Sie einen wesentlichen Teil zur positiven Mitgestaltung der Stunde bei.

Was kann ich unmittelbar nach Ende einer Stunde für mich und meine Therapie tun?

Günstig wäre es, nicht sofort nach der Sitzung in den Trubel des Alltags zurückzukehren und zur üblichen Routine überzugehen, sondern sich etwas Zeit zu nehmen, damit sich manche Erfahrungen der jeweiligen Stunde etwas „setzen" können. Solche Nachgedanken können beispielsweise in stillen 5 Minuten im Wartezimmer des Therapeuten, bei einem Spaziergang, auf einer Parkbank oder in einem Café angestellt und auf einem kleinen Zettel schriftlich festgehalten werden.

Hilfreich ist in dieser Hinsicht z. B., wenn Sie ...

- **wichtige Punkte der Therapiestunde nochmals Revue passieren lassen (welche Erkenntnisse, Einsichten, Lernerfahrungen, Vereinbarungen gab es?),**
- **sich jeweils 3 Dinge überlegen, die Ihnen in der Sitzung gefallen bzw. nicht gefallen haben,**
- **Ihre Therapiefortschritte selbst beurteilen (am besten nach Themen geordnet; z. B. nach dem Schulnotensystem von 1 = „sehr gut" bis 6 = „ungenügend"),**
- **sich nochmals Klarheit darüber verschaffen, worauf Sie in der Zeit bis zum nächsten Termin besonders achten werden, oder**
- **sich aufschreiben, welche neuen Ideen/Verhaltensweisen Sie in welchen Situationen ausprobieren möchten.**

Was kann ich in der Zeit zwischen den Sitzungen für mich und meine Therapie tun?

Entsprechend unserer Abb. 7 (S. 152) ist es mit positiven Erfahrungen in der jeweiligen Therapiesitzung nicht getan. Weitaus wichtiger sind die Ereignisse im „richtigen Leben" bzw. Erfahrungen/Veränderungen, die Sie von der Stunde auf Ihren Alltag übertragen können.

Dazu ist es vorteilhaft, wenn Sie ...

- **sich noch aufmerksamer als bisher beobachten (insbesondere in Richtung: Was genau löst meine Emotionen aus? Wie hängen Gefühle, Gedanken und Verhaltensweisen zusammen? Woran erkenne ich bedrohliche Situationen? Wie gehe ich damit um? usw.),**
- **sich zwischendurch die Stichpunkte zur letzten Sitzung vornehmen, um weiter über wichtige Themen nachzudenken,**
- **sich möglichst oft an Ihre Vorsätze bis zur nächsten Stunde erinnern und diese bei passender Gelegenheit in die Tat umsetzen,**
- **die Aufgaben und Vereinbarungen der letzten Sitzung tatsächlich umsetzen,**
- **weitere Fortschritte, neue Erkenntnisse, Einsichten und „Aha-Erlebnisse" registrieren und festhalten,**

- **im Alltag absichtlich etwas *anders* machen und mit *kleinen* Veränderungen experimentieren, um nicht immer nur die alten, ausgetretenen Pfade zu gehen,**
- **etwas ausprobieren und neugierig beobachten, ob andere Personen überhaupt etwas davon bemerken,**
- **besser auf Gefühle und deren Auslöser und Konsequenzen achten (z. B.: Was hat dazu geführt, dass ich mich letzten Sonntag über meinen Partner ärgerte? Was war die Folge?),**
- **neue Verhaltens- und Denkweisen ausprobieren (z. B. auf *positive* Gesten meines Partners achten),**
- **sich fragen, was in dieser Woche gut oder weniger gut gelaufen ist, und wo Sie derzeit im Hinblick auf Ihre Ziele und Wünsche stehen.**

Was kann ich kurz vor der nächsten Therapiestunde für mich und meine Therapie tun?

Ähnlich wie vor einem wichtigen gesellschaftlichen Ereignis ist es gut, wenn Sie sich auf Ihre nächste Therapiesitzung gedanklich etwas vorbereiten, sich „sammeln" und darauf einstimmen.

Zu diesem Zweck können Sie z. B. ...

- **zeitig zum Termin erscheinen und sich (z. B. im Wartezimmer) innerlich auf die kommende Sitzung einstellen,**
- **Ihre Erfahrungen seit dem letzten Termin nochmals Revue passieren lassen (am besten anhand mancher Notizen und Beobachtungen, die Sie in der Zwischenzeit gemacht haben),**
- **sich fragen, welche neuen Verhaltensweisen Sie seither ausprobiert haben (und mit welchem Ergebnis),**
- **Entscheidungen darüber treffen, an welchen Themen/Anliegen Sie heute weiter arbeiten möchten,**
- **sich fragen, ob es mittlerweile neue/andere Probleme oder Ziele gibt, die in der Therapie unbedingt berücksichtigt werden sollten,**
- **Ihre Notizen, Protokolle (oder andere Materialien) bereithalten, so dass in der Therapiestunde gleich wieder der Anschluss gefunden werden kann.**

Woran erkenne ich eine „gute" Therapiesitzung?

Es gehört zu den Besonderheiten der Verhaltenstherapie, dass nicht nur auf automatische Verbesserungen gehofft wird. Vielmehr richten Therapeut wie Patient den Blick auf Signale, die anzeigen, ob man sich mit den eingeschlagenen Maßnahmen auf dem „richtigen" Weg befindet. Unter anderem ist ein *guter Verlauf* an folgenden Punkten zu erkennen:

- Ich habe das Gefühl, dass der Therapeut mich und meine wichtigsten Anliegen, Probleme und Ziele versteht.
- Wir schaffen es, wichtige Themen „einzukreisen" und diese systematisch zu bearbeiten.
- Die Bedingungen der Probleme wurden etwas klarer.
- Ich habe eine etwas andere Sichtweise meiner Probleme gewonnen, die mir weiterhilft.
- Es gelingt, zumindest ansatzweise Ziele und Lösungen zu entwickeln.
- Gegen Ende der Stunde geht es mir wieder etwas besser; ich bin entlastet, zuversichtlicher, optimistischer oder „tatendurstiger" als zu Beginn.
- Am Schluss der Sitzung steht irgendeine kleine Handlung/Aufgabe bis zum nächsten Mal, die mich bei meinem Thema weiterbringen könnte (eine Art Versuch, ein Verhaltensexperiment, eine Beobachtungsaufgabe o. ä.).

„Gute" Sitzungen können auch zu mehr Gefühlsbeteiligung führen

In manchen Phasen der Therapie kann es allerdings vorkommen, dass Sie während oder nach den Sitzungen erst einmal durcheinander, gefühlsmäßig aufgewühlt oder „geschafft" sind. Oft ist dies ein *gutes* Zeichen, dass ein Veränderungsprozess in Gang kommt, der immer eine holprige Übergangszeit mit sich bringt. In solchen Situationen hilft der Satz des französischen Schriftstellers und Literatur-Nobelpreisträgers Francois Mauriac: „Es gibt eine gute Beunruhigung, einen heilsamen inneren Aufruhr …". Sobald Sie es im Lauf der nächsten Wochen dann schaffen, aus Ihren ersten, vorsichtigen und noch mühsamen Gehversuchen *neue Gewohnheiten* zu machen, wird es Ihnen auch emotional wieder besser gehen.

Woran merke ich, dass die Therapie insgesamt erfolgreich verläuft?

Neben der eben vorgenommenen Einschätzung einzelner Therapiestunden lenken wir den Blick zwischendurch auch immer wieder auf den gesamten Therapieverlauf. Im Erfolgsfall kann der bisherige Weg weiter beschritten werden.

Anzeichen, die auf positive Fortschritte in der Therapie hindeuten

- Es fällt mir zunehmend leichter, zum Therapeuten Vertrauen zu haben und auch sehr persönliche Angelegenheiten zu besprechen/zu bearbeiten.
- Ich erkenne „wunde Punkte" bei mir und „Fallen", in die ich gerne hineingehe.
- Auch wenn es mir noch schwer fällt: Allmählich gehe ich mit Problemsituationen geschickter um.
- Meine Bedürfnisse, Ziele, Pläne und Motive werden mir bewusster; ich schaffe es zunehmend, mich an Ihnen zu orientieren und diese in kleinen Schritten in die Tat umzusetzen.
- Ich habe neue Fähigkeiten gelernt, eigene Stärken (wieder-) erkannt und setze meine Talente besser ein.
- Personen meiner Umgebung wundern sich („Du bist plötzlich so anders geworden!?") oder spenden mir Lob („Du zeigst im Umgang mit deinen Kollegen jetzt viel mehr Selbstbewusstsein").
- Ich nutze (täglich/wöchentlich) jede sich bietende Gelegenheit, die in der Therapie gelernten neuen Fähigkeiten im *Alltag* umzusetzen.
- Ich bin verständnisvoller und flexibler im Umgang mit anderen Menschen und mit mir selbst.
- Ich kann mit unterschiedlichsten neuen Situationen einigermaßen klarkommen und habe die Einstellung entwickelt: „Es wird schon irgendwie klappen – ich werde es schon schaffen!"

Beachten Sie aber, dass therapeutische Fortschritte nicht immer mit gleichmäßig positivem Trend verlaufen; es kann ein Auf und Ab oder einen zeitweisen Stillstand geben – und auch die Möglichkeit, dass

Abb. 8.
Übergangsphase von alten zu neuen Gewohnheiten

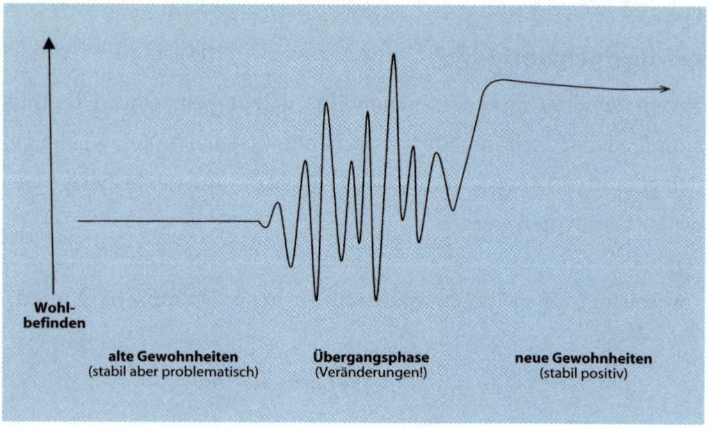

Bevor es besser wird, kann es vorübergehend holprig und turbulent zugehen

(für eine gewisse Zeit) erst einmal manches schwieriger, gefühlsmäßig aufwühlender oder aufregender/schlimmer wird, denn: Sie laufen vor Ihren Problemen nicht mehr davon oder kehren sie unter den Teppich, sondern stellen sich jetzt Ihren Schwierigkeiten und Konflikten! Die Abb. 8 zeigt die *natürliche Übergangsphase* bei jeder Veränderung: Alte Gewohnheiten werden zunächst gebremst/unterbrochen, aber das Neue „sitzt" noch nicht oder ist erst im Entstehen. Dann kann es zu vorübergehenden „Turbulenzen" kommen.

Woran erkenne ich Misserfolg?

Natürlich kann es auch vorkommen, dass die Therapiesitzungen *auf Dauer* nicht zu erhofften Verbesserungen führen. Wir schließen dabei aus, dass Sie es an der nötigen Mitarbeit haben fehlen lassen, sich utopische Ziele gesetzt, Illusionen gemacht oder Wunder erwartet haben. Auch die oben angesprochenen *vorübergehenden* Verschlimmerungen (weil man sich ernsthaft mit seinen Problemen beschäftigt) sind damit nicht gemeint.

> **Fürchte dich nicht, langsam zu gehen.**
> **Fürchte dich nur davor, stehen zu bleiben.**

Misserfolg lässt sich u. a. daran erkennen, dass es über einen längeren Zeitraum (also ein paar Wochen oder gar Monate) so gut wie keine

Veränderungen gibt oder dass die bisherigen Sitzungen kaum zu neuen Einsichten, stärkerem Bewusstwerden emotionaler Reaktionen bzw. Reduktion der Symptome geführt haben. Alarmzeichen sind auch, wenn Ihre bisherigen Bemühungen – trotz aller Anstrengungen – vergeblich waren, Sie aufgrund des Verlaufs zunehmend daran zweifeln, dass Sie sich (oder die Umstände) ändern können oder Sie langsam den Eindruck bekommen, dass Sie sich besser woanders um Hilfe hinwenden sollten. In solchen Fällen (und auch sonst, wenn während der Therapie etwas nicht in Ihrem Sinne verläuft) ist der folgende Abschnitt von besonderer Bedeutung.

Was tue ich, wenn es während der Therapie Probleme gibt oder etwas schief läuft?

Auch Misserfolge und Probleme offen ansprechen

Unsere wichtigste Empfehlung lautet, keinesfalls über die Unzufriedenheiten/Probleme hinweg zu gehen, sondern dem Therapeuten klar und deutlich mitzuteilen, was für Sie nicht in Ordnung ist. Auch wenn Sie vielleicht Angst oder (zuviel?) Respekt vor seiner Autorität haben sollten – machen Sie sich bewusst, dass er Ihnen eine *Dienstleistung* anbietet, und dass Sie einen Anspruch darauf haben, dass er Sie bestmöglich nach den aktuellen Standards seiner Zunft behandelt.

Mögliche Probleme während der Therapie

- **Ich habe den Eindruck, der Therapeut und ich passen (von der Person, den Zielen, Methoden her) doch nicht zusammen.**
- **Trotz besten Bemühens zeigen sich keine Erfolge/Fortschritte.**
- **Der Therapeut redet in einer Weise, die ich oft nicht verstehe; er bemüht sich nicht um Verständnis auf meinem Niveau.**
- **Er versteht meinen soziokulturellen Hintergrund nicht und die Normen/Regeln, die für mich gelten.**
- **Ich werde nicht ernst genommen; ich habe das Gefühl, der Therapeut versucht, mich, meine Ziele, Einstellungen oder Gefühle lächerlich zu machen.**
- **Der Therapeut möchte immer Recht haben; er behandelt mich autoritär und von oben herab.**
- **Der Therapeut will mir vorschreiben, was und wie ich zu denken, fühlen und handeln hätte.**

- **Ich bezweifle, dass der Therapeut mir helfen kann, weil er den Eindruck macht, sich selbst nicht helfen zu können: Er ist ungepflegt, nicht ausgeschlafen, geistesabwesend oder hinterlässt den Verdacht, Alkohol-, Medikamenten- oder Drogenprobleme zu haben.**
- **Ich bin mir nicht sicher, ob der Therapeut in meinem Fall alle Vorschriften betreffs Schweigepflicht und Datenschutz beachtet; er hat ohne mein Einverständnis vertrauliche Informationen an andere Personen weitergegeben.**
- **Der Therapeut missbraucht die Therapiesituation; er äußert persönliches Interesse an mir, macht zweideutige Anspielungen oder anzügliche Bemerkungen bzw. nähert sich in sexuell intimer Weise.**
- **Der Therapeut überschreitet die Grenzen einer professionellen Beziehung auf andere Art (er möchte mit mir Geschäfte machen oder umgekehrt meine Qualifikationen als Sekretärin, Handwerker, Immobilienmakler, Putzkraft oder Autohändler für seine ganz persönlichen Zwecke nutzen).**

Wenn Sie mit bestimmten Abläufen unzufrieden sind, sollten Sie dies Ihrem Therapeuten möglichst deutlich und frühzeitig mitteilen. Kleinere Unstimmigkeiten lassen sich vielleicht durch eine kurze offene Diskussion aus der Welt schaffen, so dass dann trotzdem eine positive Fortsetzung der Therapie möglich wird. Bei größeren Verstößen ist eine heftigere Auseinandersetzung bis hin zur Beendigung der Kontakte zu erwarten. Geben Sie dem Therapeuten in jedem Fall klar zu verstehen, dass er bestimmte Dinge nicht mit Ihnen machen kann!

Bei eindeutigen Grenzverletzungen oder Überschreitungen der ethisch-berufsständischen Richtlinien sollten Sie sich auch nicht scheuen, sich an einen psychologischen Berufsverband (Adressen s. Anhang) oder die zuständige Ärztekammer zu wenden. Auch Gesundheitsämter, Beratungsstellen oder *andere* Therapeuten sind geeignete Ansprechpartner. Vielen Patienten hilft in einer solchen Situation der Zuspruch und die Unterstützung einer Person Ihres Vertrauens. Erzählen Sie ruhig Ihrem Partner, Angehörigen, Freunden oder Bekannten von Ihren negativen Erfahrungen und bitten Sie diese Personen um aktive Mithilfe.

Umgekehrt ist (besonders bei Kleinigkeiten oder Äußerlichkeiten) natürlich auch Therapeuten gegenüber eine gewisse Toleranz angebracht. Denn in vielen Fällen kann dieser Ihnen auch dann effektiv weiterhelfen, wenn er z.B. eine krumme Nase hat, eine altmodische Frisur oder Brille trägt, die „falschen" Blumen in seinem Zimmer stehen, er keine Computer oder Handys mag oder andere Merkmale zeigt, die Ihnen persönlich nicht so gefallen. Dann ist es besser, sich in den Sitzungen auf das Wesentliche zu konzentrieren, d.h., ob er in der Lage ist, Ihnen ausreichendes Verständnis für Ihre Person und Situation entgegenzubringen und Sie bei Ihren Veränderungen im Alltag zu unterstützen.

Gegen Ende der Therapie

Was kann ich selbst tun, damit die erreichten Erfolge stabil bleiben?

Selbst wenn es Ihnen durch die Therapie gelungen ist, sich erfolgreich zu ändern, sind Verbesserungen erst dann vollständig, wenn Sie diese *beibehalten* können. Für die Stabilisierung können Sie – auch ohne direkte Begleitung des Therapeuten – u.a. folgendes tun:

- Ich nehme meine Fortschritte nicht als selbstverständlich, sondern beobachte sie weiterhin (und „klopfe mir auch auf die Schulter" dafür).
- Ich bleibe aufmerksam und versuche die neuen Einstellungen und Verhaltensweisen weiter bei jeder passenden Gelegenheit bewusst einzusetzen.
- Ich tue alles, dass sich die neuen Muster richtig „einschleifen" können, so dass aus den Veränderungen neue Gewohnheiten werden.
- Ich ruhe mich nicht auf meinen Lorbeeren aus, sondern versuche aktiv, die Veränderungen auf *zusätzliche* Situationen auszudehnen.

Viele Patienten berichten, dass Sie in dieser Phase nochmals ihre alten Unterlagen (Aufzeichnungen, Notizen, Therapietagebuch, Skizzen oder Bilder) durchsehen, um sich hilfreiche Strategien erneut ins Gedächtnis zu rufen. Manche legen sich auch ein paar einfache persönliche Regeln zurecht, an denen sie ihr Verhalten in Zukunft ausrichten (z.B.: „Ich darf *Nein* sagen und mich wehren!“, „Ich kann die Ängste weiterhin überwinden und schwierige Situationen aushalten!“,„Ich achte auf mich und meine Gesundheit. Heute mache ich deshalb … !“).

Wie kann ich mich auf die Zeit nach dem Ende der Therapie vorbereiten?

Erfolgreiche Strategien fortsetzen und sich rechtzeitig auf mögliche künftige Krisen vorbereiten

Natürlich ist die gesamte Endphase Ihrer Verhaltenstherapie so angelegt, dass die erzielten Erfolge stabil bleiben. Geben Sie Ihrem Therapeuten deshalb Informationen darüber, was Sie bereits gut und dauerhaft allein schaffen bzw. wo Sie noch weitere Unterstützung benötigen: Was kann ich schon, was brauche ich noch? Worauf muss ich achten? Was tue ich, wenn … ?

Solche Fragen können Sie sich jetzt selbst stellen, um hilfreiche Lösungsstrategien und bisherige Erfolgsrezepte weiterzuführen, eigene Stärken einzusetzen und umgekehrt noch zusätzliche Möglichkeiten (und Notwendigkeiten) des Lernens zu erkennen.

Mit Unterstützung des Therapeuten sollten Sie die letzten Termine noch nutzen, um sich gezielt auf schwierige Situationen vorbereiten, die Ihnen vielleicht erst längere Zeit nach dem offiziellen Abschluss der Therapie begegnen. Zunächst lernen Sie, sich erst einmal kritische Momente und „Risikosituationen“ bewusst zu machen, in denen die Gefahr eines Rückfalls bestehen könnte. Danach werden Sie dabei unterstützt, für mögliche „Stolperstellen“ vorauszuplanen und die notwendigen Schritte in einer Art „Trockentraining“ zu üben.

Doris W. hatte sich durch das Selbstbehauptungstraining während der Therapie zu einer selbstsicher auftretenden Frau entwickelt, die in Beruf und Privatleben wieder gut zurechtkam. In den kommenden Monaten hatte sie aber noch eine teure Erbschaftsangelegenheit mit ihrer Schwester zu regeln, was sie immer wieder vor sich her schob, weil sie sich vor Auseinandersetzungen fürchtete. Eine der letzten Therapiesitzungen beschäftigte sich deshalb mit der Frage: „Was kann ich konkret tun, um von meiner Schwester nicht benachteiligt und über den Tisch gezogen zu werden?" Neben der gedanklichen Suche nach möglichen Lösungen wurde ganz praktisch an Situationen geübt, wie sie es schaffen könnte, ihre berechtigten Ansprüche sachlich aber bestimmt durchzusetzen. Dadurch legte Frau W. langsam ihre alten Gewohnheiten ab (Probleme zu vermeiden) und erarbeitete sich stattdessen aktive und konstruktive Lösungsschritte. Zusätzlich fasste sie den Mut, sich bei ihrer Sache auch von einem Rechtsanwalt unterstützen zu lassen.

Für manche Patienten besteht eine gute Vorbereitung auf die Zeit nach Abschluss der Therapie auch darin, sich um eine geeignete Anschlussbehandlung, eine therapeutische Wohngemeinschaft, eine Selbsthilfegruppe oder andere Formen der Weiterbetreuung zu kümmern. Auch hierbei wird Sie der Therapeut bei Bedarf angemessen unterstützen.

Was kann ich tun, um die gemeinsame „Abschlussbilanz" zu erleichtern?

Spätestens in der letzten Sitzung wird gemeinsam Bilanz gezogen, was die Therapie im Einzelnen gebracht hat, welche Fortschritte erzielt wurden (und wodurch), was sich sonst im Alltag verändert hat und vieles mehr. Ihre Gesamteinschätzung der Therapie fällt dann leichter, wenn Sie sich einige Antworten auf folgende Fragen überlegen.

Mögliche Fragen zur Abschlussbilanz der Therapie

- Wie beurteilen Sie den jetzigen Stand der Anliegen, Themen und Probleme, weswegen Sie ursprünglich in Therapie kamen?
- Welche Ziele sind erreicht, welchen konnte man sich annähern?
- Was haben Sie im Verlauf der Therapie gelernt?
- Welche Strategien helfen Ihnen, um mit Ihren Schwierigkeiten besser umzugehen?
- Was ist noch schwierig?
- Welche Stärken haben Sie bei sich entdeckt?
- Welche Talente nutzen Sie jetzt besser?
- Welche Maßnahmen/Vorgehensweisen haben mehr, welche weniger weitergeholfen?

- **Welche Maßnahmen/Vorgehensweisen haben besser, welche nicht so gut gefallen?**
- **Was fanden Sie gut bzw. weniger gut am Therapeuten?**
- **Welche Verbesserungsvorschläge hätten Sie (im Interesse anderer künftiger Patienten)? etc.**

Manche Verhaltenstherapeuten geben Ihnen zu diesem Zweck einen kurzen Fragebogen, in den Sie Ihre wichtigsten Gesamteindrücke eintragen können. Offene und ehrliche Antworten sind sehr erwünscht, damit auch der Therapeut aus Ihren Rückmeldungen lernen kann.

Was ist, wenn ich nach Ende der Therapie mal wieder in Schwierigkeiten bin?

Auch wenn in der Endphase der Therapie viel für die weitere Stabilisierung Ihrer Erfolge getan wird (z. B. durch so genannte Auffrischungssitzungen in größerem Zeitabstand), gibt es selbst nach einer optimal verlaufenen Therapie keine Garantie, dass ab jetzt nie mehr Probleme auftauchen werden. Vielleicht gibt es in extremen Situationen doch wieder einen Rückfall, oder das Leben bringt neue, andere Herausforderungen mit sich, die schwer zu meistern sind. Was können Sie dann tun? Wir empfehlen Ihnen, bevor Sie zu schnell die erneute Hilfe von Therapeuten suchen, zunächst einmal Ihre persönlichen Hilfsmöglichkeiten auszuschöpfen und selbst aktiv zu werden. Denn meist haben Sie in der Therapie schon mehr gelernt als Sie sich vielleicht zutrauen.

Sie können z. B.

- sich erst einmal in einer ruhigen Atmosphäre hinsetzen und auf einem Blatt Papier formulieren, worum es genau geht und was eigentlich los ist,
- sich nicht nur allein abmühen, sondern auch Personen Ihres Vertrauens (Familie, Freunde/Bekannte) um Unterstützung bitten,
- sich vor übereilten Reaktionen schützen und sich fragen, ob es sich überhaupt um ein „Problem“ oder aber um eine unabänderliche Tatsache handelt (besonders bei Schwierigkeiten, die nach ein paar Tagen von selbst vorübergehen),
- im Fall veränderbarer „Probleme“ die Regeln des Problemlösens auf die neuen Herausforderungen anwenden (Was ist genau das

Problem? Was sind die Bedingungen? Was sind meine Ziele? Was kann ich tun? etc.),
- sich wieder auf manche in der Therapie gelernten Strategien besinnen und diese erneut einsetzen (insbesondere, wenn Sie diese zwischenzeitlich aufgegeben haben),
- ein paar Tage/Wochen lang die Abläufe (und die Resultate Ihrer eigenen Lösungsversuche) genau beobachten und daraus Ihre weiteren Schlüsse ziehen.

Falls Sie allerdings bereits alles in Ihrer Macht Stehende probiert haben, und die aufgetauchten Probleme oder Rückfälle trotzdem nicht kleiner wurden, sollten Sie erneut die zuständigen „Profis" um Unterstützung bitten. Insbesondere bei akuten Krisen können Sie auch Ihr soziales Umfeld von Familie, Freunden oder Bekannten einbeziehen, um die „richtige" Anlaufstelle zu finden (diese dürfte dann je nach Sachlage Ihr bisheriger Therapeut, ein Arzt, eine Klinik, ein Kriseninterventionsdienst, die Polizei o.ä. sein).

Notfallmaßnahmen vorbereiten und im Bedarfsfall nutzen

Normalerweise wird spätestens in der letzten Therapiestunde darüber gesprochen, was in solchen Sonderfällen ratsam ist. Manche gehen auf Nummer sicher, indem sie entsprechende Vereinbarungen oder „Notfallpläne" an einer leicht erreichbaren Stelle (Geldbeutel, Handtasche, Pinnwand) aufbewahren – sozusagen als Beruhigung „für alle Fälle", auch wenn sie diese Hilfsmittel nie mehr brauchen.

Die abschließende Beschäftigung mit möglichen Problemen nach Abschluss der Therapiekontakte darf nicht darüber hinwegtäuschen, dass Sie – wie die meisten Patienten – von Ihrer Verhaltenstherapie wohl positiven Nutzen ziehen werden. Sie lernen außerdem, wie man *prinzipiell* Probleme löst (nämlich durch aktives Handeln) und wie man Einstellungen entwickelt, die im Leben *generell weiter helfen* (wie z.B. die abschließenden „drei Wünsche").

Drei Wünsche:
Die *Kraft*, zu ändern, was nicht länger zu ertragen ist,
die *Gelassenheit*, alles das hinzunehmen, was nicht zu ändern ist,
und die *Weisheit*, das eine vom anderen zu unterscheiden.

Anhang

A Nützliche Bücher

Aktuelle Verhaltenstherapie

Einführungsliteratur für Laien

Fliegel, S. (1994). Stichwort Verhaltenstherapie. München: Heyne.

Hoffmann, N. (1995). Verhaltenstherapie und kognitive Verfahren. Was sie kann, wie sie wirkt und wem sie hilft (3. Aufl.). Mannheim: PAL.

Kryspin-Exner, I. (1994). Einladung zur psychologischen Behandlung. Verhaltensmodifikation, Verhaltenstherapie, Verhaltensmedizin, Gesundheitspsychologie. München: Quintessenz.

Paulus, J. (1998). Verhaltenstherapie. Der kurze Weg zum Wohlbefinden. Frankfurt/Main: Campus.

Schuster, K. (1999). Abenteuer Verhaltenstherapie. Neue Erlebnisse mit sich und der Welt. München: dtv.

Bücher für „Profis"

Batra, A., Wassmann, R. & Buchkremer, G. (Hrsg.) (2000). Verhaltenstherapie: Grundlagen – Methoden – Anwendungsgebiete. Stuttgart: Thieme.

Fiedler, P. (1996). Verhaltenstherapie in und mit Gruppen. Weinheim: Beltz.

Fliegel, S., Groeger, W. M., Künzel, R., Schulte, D. & Sorgatz, H. (1998). Verhaltenstherapeutische Standardmethoden. Ein Übungsbuch (4. Aufl.). München: Psychologie Verlags Union.

Grawe, K. (1998). Psychologische Therapie. Göttingen: Hogrefe.

Grawe, K., Donati, R. & Bernauer, F. (1994). Psychotherapie im Wandel. Von der Konfession zur Profession. Göttingen: Hogrefe.

Hautzinger, M. (2000). Kognitive Verhaltenstherapie bei psychischen Störungen (3. Aufl.). Weinheim: Beltz/Psychologie Verlags Union.

Kanfer, F. H., Reinecker, H. & Schmelzer, D. (2000). Selbstmanagement-Therapie. Ein Lehrbuch für die klinische Praxis (3. Aufl.). Berlin: Springer (Erstauflage 1991, Zweitauflage 1996).

Margraf, J. (Hrsg.) (1999). Lehrbuch der Verhaltenstherapie. Band 1: Grundlagen – Diagnostik – Verfahren – Rahmenbedingungen (2. Aufl.). Berlin: Springer.

Margraf, J. (Hrsg.) (1999). Lehrbuch der Verhaltenstherapie. Band 2: Störungen – Glossar (2. Aufl.). Berlin: Springer.

Petermann, F. (Hrsg.). (2000). Lehrbuch der Klinischen Kinderpsychologie und -psychotherapie (4. Aufl.). Göttingen: Hogrefe.

Reinecker, H. (Hrsg.) (1998). Lehrbuch der Klinischen Psychologie. Modelle psychischer Störungen (3. Aufl.). Göttingen: Hogrefe.

Reinecker, H. (Hrsg.). (1999). Lehrbuch der Verhaltenstherapie. Tübingen: DGVT.

Revenstorf, D. (1996). Psychotherapeutische Verfahren II: Verhaltenstherapie. Stuttgart: Kohlhammer.

Senf, W. & Broda, M. (Hrsg.) (2000). Praxis der Psychotherapie: Ein integratives Lehrbuch. Psychoanalyse, Verhaltenstherapie, Systemische Therapie (2. Aufl.). Stuttgart: Thieme.

Steinhausen, H. C. & von Aster, M. (Hrsg.) (1999). Verhaltenstherapie und Verhaltensmedizin bei Kindern und Jugendlichen (2. Aufl.). Weinheim: Beltz/Psychologie Verlags Union.

Andere etablierte Richtungen der Psychotherapie

Autiquet, M. (1999). Die Psychoanalyse. Bergisch Gladbach: Bastei-Lübbe (Reihe Domino).

Brockert, S. (2000). Praxisführer Psychotherapie. München: Knaur (insbesondere S. 165 ff.).

Doubrawa, E. & Blankertz, S. (2000). Einladung zur Gestalttherapie. Wuppertal: Peter Hammer Verlag.

Federspiel, K. & Lackinger-Karger, I. (Hrsg.) (1996). Kursbuch Seele. Was tun bei psychischen Problemen? Beratung, Selbsthilfe, Medikamente. 120 Psychotherapien auf dem Prüfstand. Köln: Kiepenheuer & Witsch (insbesondere S. 245 ff.).

Höder, J. (1994). Gesprächspsychotherapie. Was sie kann, wie sie wirkt und wem sie hilft (2. Aufl.). Mannheim: PAL.

Kraiker, C. & Peter, B. (1998). Psychotherapieführer. Wege zur seelischen Gesundheit. München: Beck.

Lämmle, B. & Wünsch, G. (1999). Familienbande. So gewinnen Sie Raum für lebendige Partnerschaft, glückliche Familie, gesunde Beziehungen. München: Mosaik bei Goldmann.

Mertens, W. (1997). Psychoanalyse. Geschichte und Methoden. München: Beck.

Schlippe, A. von (1991). Familientherapie im Überblick. Basiskonzepte, Formen, Anwendungsmöglichkeiten (Integrative Therapie, Beiheft 6, 9. Aufl.). Paderborn: Junfermann.

Schlippe, A. von & Schweitzer, J. (1996). Lehrbuch der systemischen Therapie und Beratung. Göttingen: Vandenhoeck & Ruprecht.

Schuster, P. & Springer-Kremser, M. (1997). Bausteine der Psychoanalyse. Eine Einführung in die Tiefenpsychologie (4. Aufl.). Wien: Universitätsverlag WUV.

Textor, M. R. (Hrsg.) (1998). Das Buch der Familientherapie. Sechs Schulen in Theorie und Praxis (5. Aufl.). Eschborn: Klotz.

Weitere Patientenratgeber zum Thema Psychotherapie

Beese, F. (2000). Was ist Psychotherapie (7. Aufl.). Göttingen: Vandenhoek & Ruprecht.

Brockert, S. (2000). Praxisführer Psychotherapie. München: Knaur.

Bruns-Pfersdorf, S. (1995). Wenn die Seele Hilfe braucht. Niedernhausen/Ts.: Falken.

Federspiel, K. & Lackinger-Karger, I. (Hrsg.) (1996). Kursbuch Seele. Was tun bei psychischen Problemen? Beratung, Selbsthilfe, Medikamente. 120 Psychotherapien auf dem Prüfstand. Köln: Kiepenheuer & Witsch.

Guderian, C. (1996). Therapie, ist das was für mich? Die wichtigsten Fragen rund um die Psychotherapie. München: Kösel.

Hiß, P. (1998). So finden Sie den richtigen Therapeuten. Frankfurt/M.: Campus.

Kornbichler, T. (1998). Wann hilft eine Psychotherapie? Symptome, Methoden, Kosten, Qualitätskontrolle. Berlin: Urania.

Kraiker, C. & Peter, B. (1998). Psychotherapieführer. Wege zur seelischen Gesundheit. München: Beck.

Müller, E. H. (1996). Psychotherapeuten – Risiken und Nebenwirkungen. Wie Therapien hilfreich werden. Freiburg/Br.: Herder.

Tschuschke, V. (1998). Nützt mir Psychotherapie? Hilfen zur Entscheidung. Göttingen: Vandenhoek & Ruprecht.

Verbraucherzentrale Nordrhein-Westfalen (1999). Chance Psychotherapie. Angebote sinnvoll nutzen. Düsseldorf (erhältlich über Verbraucherzentrale Nordrhein-Westfalen, Mintropstr. 27, D-40215 Düsseldorf, Tel. 0211–38090, Fax 0211–3809172;
e-mail: vz.nrw@vz-nrw.de).

Wirsching, M. (1999). Psychotherapie. Grundlagen und Methoden. München: Beck.

„Alternative Therapien", Psycho-Boom, Sekten und Esoterik

Bogun, W. & Straet, N. (1999). Lexikon der Esoterik. Von Astrologie bis Zen. Niedernhausen/Ts.: Falken.

Bossmann, W. (1986). Psychoboom: Warenhaus der Gefühle oder der schöne Schein der humanistischen Psychologie. Psychologie und Gesellschaftskritik, 10(3–4), 75–98.

Federspiel, K. & Lackinger-Karger, I. (Hrsg.) (1996). Kursbuch Seele. Was tun bei psychischen Problemen? Beratung, Selbsthilfe, Medikamente. 120 Psychotherapien auf dem Prüfstand. Köln: Kiepenheuer & Witsch.

Giese, E. & Kleiber, D. (Hrsg.) (1989). Das Risiko Therapie. Weinheim: Beltz/Psychologie heute.

Goldner, C. (1997). Psycho. Therapien zwischen Seriosität und Scharlatanerie. Augsburg: Pattloch.

Hemminger, H. & Keden, J. (1997). Seele aus zweiter Hand. Psychotechniken und Psychokonzerne auf dem Therapie- und Trainingsmarkt. Stuttgart: Quell.

Kaminer, W. (1993). Ich bin k. o., du bist k. o. Das Geschäft mit der Selbstverwirklichung. München: Knaur.

Nordhausen, F. & von Billerbeck, L. (1999). Psycho-Sekten: Die Praktiken der Seelenfänger. Frankfurt/Main: Fischer.

Ethisch-berufsständische Richtlinien für Psychotherapeuten

Deutsche Gesellschaft für Psychologie/Berufsverband Deutscher Psychologinnen und Psychologen (1999). Ethische Richtlinien der Deutschen Gesellschaft für Psychologie e. V. und des Berufsverbands Deutscher Psychologinnen und Psychologen e. V. (Fassung vom 29.9.1999). www. dgps.de/gesellschaft/mitteilungen/ethikrichtlinien.html

Sonstiges

Baur, E. G. & Schmid-Bode, W. (2000) Glück ist kein Zufall. Lassen Sie sich vom Glück berühren. Die besten Methoden für ein erfülltes Leben. München: Gräfe und Unzer.

Brasch, C. & Richberg, I.-M. (1997). Panikattacken. Angst ohne Grund? Ursachen, Therapie, Praktische Hilfe zur Selbsthilfe. München: Mosaik.

Hannes, R. (2000). Glück ist keine Glückssache. Ein Lese- und Lernbuch. Göttingen: Vandenhoek & Ruprecht.

Hoffmann, N. (1998). Wenn Zwänge das Leben einengen. Zwangsgedanken und Zwangshandlungen. Ursachen, Behandlungsmethoden und Möglichkeiten der Selbsthilfe. Mannheim: PAL.

Lazarus, A. A. & Lazarus, C. N. (1999). Der kleine Taschentherapeut. In 60 Sekunden wieder o. k. Stuttgart: Klett-Cotta.

Lindenmeyer, J. (1998). Lieber schlau als blau. Entstehung und Behandlung von Alkohol- und Medikamentenabhängigkeit (5. Aufl.). Weinheim: Beltz/Psychologie Verlags Union.

Niven, D. (2000). Die 100 Geheimnisse glücklicher Menschen. Was Wissenschaftler herausgefunden haben und wie wir es nutzen können. München: Integral.

Matthews, A. (1999). Tu, was dir am Herzen liegt. Kirchzarten: VAK.

Sanders, R. (1998). Zwei sind ihres Glückes Schmied – ein Selbsthilfeprogramm für Paare (2. Aufl.). Paderborn: Junfermann.

Schmidt-Traub, S. (1995). Angst bewältigen. Selbsthilfe bei Panik und Agoraphobie. Berlin: Springer.

Schneider, R. (1998). Die Suchtfibel. Informationen zur Abhängigkeit von Alkohol und Medikamenten (12. Aufl.). München: Röttger.

Sonntag, B. (1998). Mein Partner ist in Therapie. Wie Sie einen geliebten Menschen unterstützen. Klarkommen mit den eigenen Gefühlen. Wie Sie mit Veränderungen richtig umgehen. Stuttgart: Trias.

Sprenger, R. K. (1999). Die Entscheidung liegt bei dir! Wege aus der alltäglichen Unzufriedenheit. Frankfurt/M.: Campus.

Stiftung Warentest (Hrsg.; Autoren: Niklewski, G. & Riecke-Niklewski, R.). (1998). Depressionen überwinden. Ein Ratgeber für Betroffene, Angehörige und Helfer. Berlin: Stiftung Warentest.

Wittchen, H.-U. (1997). Wenn Angst krank macht. Störungen erkennen, verstehen und behandeln. München: Mosaik.

Wittchen, H.-U. (1997). Wenn Traurigkeit krank macht. München: Mosaik.

B Hilfreiche Adressen

Für die Suche nach offiziell anerkannten psychologischen und ärztlichen Psychotherapeuten haben wir die wichtigsten Adressen und Telefonnummern bereits am Ende von Kapitel 4 unseres Buches präsentiert (s. S. 65–66).

Zusätzliche Adressen in Deutschland

Verhaltenstherapeutische Kliniken

- c/o Deutsche Ärztliche Gesellschaft für Verhaltenstherapie (DÄVT), Nymphenburger Str. 185, 80634 München; Tel. 089 – 13 07 93 10; Fax: 0 89 – 13 21 33; Internet: www.daevt.de; e-mail-Adresse: Sulz@daevt.de
- Christoph-Dornier-Klinik für Psychotherapie, Tibusstr. 7 – 11, D-48143 Münster; Tel. 02 51 – 48 10 – 0; Fax 02 51 – 48 10 – 105; Internet: www. c-d-k.de

Hilfen für Suchtkranke

- Fachverband Sucht e. V., Geschäftsstelle Walramstr. 3, 53175 Bonn, Tel. 0228 – 261555, Fax 0228 – 215885 und 2420999; e-mail: sucht@t-online.de oder sucht@sucht.de; Internet: www.sucht.de.
- Gesamtverband für Suchtkrankenhilfe im Diakonischen Werk der Evangelischen Kirche in Deutschland e. V., Kurt-Schumacher-Straße 2, 34117 Kassel, Tel. 0561 – 109570; Fax 0561 – 778351; e-mail: info@sucht.org; Internet: www.sucht.org
- Sucht-Netz (Informationssystem für Prävention, Entgiftung, Therapie und Nachsorge): Internet: www.sucht-netz.de

Verhaltenstherapie mit Kindern und Jugendlichen

- Bundesvereinigung Verhaltenstherapie im Kindes- und Jugendalter (BVKJ), Hauptgeschäftsstelle Universität Potsdam, Lehrstuhl Klinische Psychologie/ Psychotherapie, Postfach 601553, 14415 Potsdam, Tel. 0331 – 9772882, Fax 0331 – 9772792, e-mail: bvkj@rz.uni-potsdam.de

Kinder- und Jugendpsychiatrie und Psychotherapie

- Berufsverband der Ärzte für Kinder- und Jugendpsychiatrie und Psychotherapie in Deutschland e. V. (BKJPP), Stuttgarter Str. 51 (Im Spital), 71263 Weil der Stadt, Tel. 07033–691136, Fax 07033–80556, e-mail: bkjpp@dr-schaff.de
  Praxis-Suche: www.bkjpp.de/searchpraxen.htm
  Ambulanz-Suche: www.bkjpp.de/searchambulanzen.htm
  Klinik-Suche: www.bkjpp.de/searchkliniken.htm
- Deutsche Gesellschaft für Kinder- und Jugendpsychiatrie und Psychotherapie e. V. (DGKJP), Geschäftsstelle Frau Anita Dehnert, Klinik für Psychiatrie und Psychotherapie des Kindes- und Jugendalters der Philipps-Universität, Hans-Sachs-Str. 6, 35039 Marburg, Tel. 06421–2866258, Fax 06421–2868975, e-mail: geschaeftsstelle@dgkjp.de, Internet: www.dgkjp.de
  Verzeichnis kinder- und jugendpsychiatrischer Einrichtungen: www.dgkjp.de/kjp-verz.htm

Beratungsdienste für Kinder, Jugendliche und Eltern sowie Ehe- und Lebensberatung

- Bundeskonferenz für Erziehungsberatung e. V., Herrnstr. 53, 90763 Fürth/Bay.; Tel. 0911–97714–0; Fax 0911–745497; e-mail: geschaeftsstelle@bke.de; Internet: www.bke.de; alphabetisches Gesamtverzeichnis der Erziehungs- und Familienberatungsstellen: www.bke.de/eb-katalog.htm
- Deutsche Arbeitsgemeinschaft für Jugend- und Eheberatung (DAJEB), Bundesgeschäftsstelle, Neumarkter Straße 84c, D-81673 München; Tel. 089–4361091; Fax 089–4311266; e-mail: dajeb@aol.com; Internet: www.dajeb.de
- Beratung in kirchlicher Trägerschaft, Beratungsstellenverzeichnis: www.kibnet.de/kibnet.html

Regionale Adressen spezieller Beratungsdienste

- Diese finden Sie in Ihrem Telefonbuch z. B. unter den Stichwörtern Drogenberatung, Eheberatung, Erziehungsberatung, Familienberatung, Jugendberatung, Kinderschutzbund, Lebensberatung, Partnerschaftsberatung, Schulpsychologische Beratung bzw. Schulpsychologischer Dienst, Schwangerschaftsberatung, Sexualberatung, Studentenberatung, Suchtberatung, Trennungs- und Scheidungsberatung (Mediation) bzw. unter der Bezeichnung „Beratungsstelle für ...“.

Telefonseelsorge

- Kostenfrei bundesweit erreichbar unter den Rufnummern 0800–1110111 oder 0800–1110222

Selbsthilfegruppen

- DASH – Deutsche Angststörungenhilfe und Selbsthilfe, c/o MASH Münchner Angst-Selbsthilfe e. V. (Gerhard Schick), Bayerstraße 77a Rgb., 80355 München; Tel. 089–5438080 (Mo-Do 15–18 Uhr, Mi 11–14 Uhr); Fax 089–54403776
- DGZ – Deutsche Gesellschaft Zwangserkrankungen e. V., Postfach 1545, 49005 Osnabrück; Tel. 0541–3574433

(Mo-Do 10–12 und 14–16.30 Uhr; Fr 10–14 Uhr);
Fax 0541–3574435; e-mail: dgz@luce.psycho.uni-osnabrueck.de;
Internet: http://www. zwaenge.de

- Nationale Kontakt- und Informationsstelle zur Anregung und Unterstützung von Selbsthilfegruppen (NAKOS), Albrecht-Achilles-Str. 65, 10709 Berlin, Tel. 030–8914019, Fax 030–8934014;
Internet: www.zdf.de/ratgeber/praxis/nakos/05441/index.html

Internet-Adressen und Links

- psychologie.de (privater, kostenloser Informationsdienst für und von Diplom-Psychologen und Diplom-Psychologinnen); Internet: www.psychologie.de
- Gesundheit und Psychologie im Internet (Link-Liste): www.gesundheit-psychologie.de/psychotherapie.htm

Psychotherapeuten/Verhaltenstherapeuten in Österreich

- Arbeitsgemeinschaft für Verhaltensmodifikation (AVM), Karl-Adrian-Straße 3/5. Stock, Top 44, A-5020 Salzburg, Tel. 0662–854138
- Berufsverband Österreichischer Psychologinnen und Psychologen (BÖP), Garnisongasse 1, A-1090 Wien; Tel. 1–4072671, Fax 1–4072673: e-mail: boep@boep.or.at;
Internet: www.boep.or.at; BÖP-Psychnet: www.psychnet.at
- Österreichischer Bundesverband für Psychotherapie (ÖBVP), Rosenbursenstr. 8/3/7, A-1010 Wien, Tel. 1–5127090, Fax 1–5127091; Internet: www.psychotherapie.at
- Österreichische Gesellschaft für Verhaltenstherapie (ÖGVT), Kollingasse 11, 2. Stock, Tür 9, A-1190 Wien, Tel. 1–3197022, Fax 1–3197240; e-mail: oegvt@xpoint.at;
Internet: www.user.xpoint.at/oegvt/pages/impressum.html
- Therapeutenliste auch unter:
www.infomed-austria.at/versorgen/psycho/psycho.html

Psychotherapeuten/Verhaltenstherapeuten in der Schweiz

- Schweizer Psychotherapeuten Verband (SPV), Weinbergstr. 31, CH-8006 Zürich; kostenlose Vermittlung von Therapieplätzen unter Tel. 01 – 2 66 64 01; Internet: www.psychotherapie.ch/spv
- Schweizerische Gesellschaft für Verhaltenstherapie (SGVT), Hotelgasse 8, CH-3000 Bern 8, Tel. und Fax 0 31 – 3 11 12 12; e-mail: info@sgvt-sstcc.ch; Internet: www.sgvt-sstcc.ch.

Literatur

Baumann, U., Hecht, C. & Mackinger, H. (1984). Psychotherapieforschung: Unterschiedliche Perspektiven. In U. Baumann (Hrsg.), Psychotherapie: Makro-/Mikroperspektive (S. 3–28). Göttingen: Hogrefe.

Berufsverband Deutscher Psychologinnen und Psychologen e.V. (Hrsg.) (1998). Das Psychotherapeutengesetz. Informationen zu Approbation und Kassenzulassung. Bonn: Deutscher Psychologen Verlag.

Dörner, D. (1997). Die Logik des Mißlingens. Strategisches Denken in komplexen Situationen. Reinbek: Rowohlt.

Frank, J. D. (1997). Die Heiler. Stuttgart: Klett-Cotta.

Grawe, K., Donati, R. & Bernauer, F. (1994). Psychotherapie im Wandel. Von der Konfession zur Profession. Göttingen: Hogrefe

Kanfer, F. H. & Phillips, J. S. (1970). Learning foundations of behavior therapy. New York: Wiley (deutsch 1975: Lerntheoretische Grundlagen der Verhaltenstherapie. München: Kindler).

Kanfer, F. H. & Goldstein, A. P. (eds.) (1975). Helping people change. A textbook of methods. New York: Pergamon (2nd ed. 1980, 3rd ed. 1986, 4th ed. 1991)

Kanfer, F. H., Reinecker, H. & Schmelzer, D. (1991). Selbstmanagement-Therapie. Ein Lehrbuch für die klinische Praxis. Berlin: Springer (2. Aufl. 1996, 3. Aufl. 2000)

Kanfer, F. H. & Schefft, B. K. (1988). Guiding the process of therapeutic change. Champaign (IL): Research Press.

Kass, F. I., Oldham, J. M., Pardes, H. (Hrsg.); Morris, L. B. (Red.); H.-U. Wittchen (Bearbeiter und Herausgeber der deutschen Ausgabe). (1998). Handbuch psychischer Störungen. Eine Einführung (2. Aufl.). Weinheim: Psychologie Verlags Union.

Paulus, J. (1998). Verhaltenstherapie. Der kurze Weg zum Wohlbefinden. Frankfurt/Main: Campus.

Reinecker, H. (Hrsg.) (1999). Lehrbuch der Verhaltenstherapie. Tübingen: DGVT.

Seiler, S. (1998). Die richtige Therapie finden: Ganzheitliche Methoden für Körper, Geist und Seele im Überblick. Reinbek: Rowohlt.

Strotzka, H. (Hrsg.) (1978). Psychotherapie: Grundlagen, Verfahren, Indikationen (2. Aufl.). München: Urban & Schwarzenberg.

Sachverzeichnis

Druck (Computer to Film): Saladruck, Berlin
Verarbeitung: H. Stürtz AG, Würzburg